Einkochen, Einlegen und Haltbarmachen

Einkochen, Einlegen und Haltbarmachen

mit Rezepten von Allgäuer Bäuerinnen

AVA-Verlag Allgäu GmbH

Verlag:
AVA Verlag Allgäu GmbH
Postfach 1145 - 87401 Kempten/Allgäu
Telefon: 08 31/5 71 42-0 - Fax 7 90 08

Redaktion und Fotos:
Maria Anna Weixler-Schürger

Druck:
KKW Druck GmbH
Porschestraße 2 - 87437 Kempten/Allgäu

Hausgemachtes schmeckt am besten und Vorratswirtschaft ist wieder ganz groß im Kommen. Moderne Ernährungsbewußte suchen nach klassischen Rezepten zum Einkochen und Einmachen, und erfahrene Hausfrauen probieren gerne einmal etwas Neues aus, um damit sich und die Lieben verwöhnen zu können.

Die Bäuerinnen wußten schon immer am besten, wie man sich die Schätze aus dem eigenen Garten für den Winter haltbar machen konnte. Ein gut gepflanzter Obstgarten, so heißt es, ist die zweite Speisekammer in der Haushaltung. Selbstversorger mit einem großen Obstgarten ernten aber teilweise solche Mengen, daß man sie gar nicht mehr allein in Form von Kuchen und Desserts verzehren kann.

Die reiche Ernte an Obst und Beeren eignet sich aber hervorragend zur Herstellung von Marmeladen, Konfitüren oder Gelees. Und auch allerlei Säfte, Weine und Liköre lassen sich daraus herstellen und erfreuen zu besonderen Stunden das Herz und die Sinne.

Auch Gemüse läßt sich ideenreich haltbar machen, und nicht selten ergänzen sich Obst und Gemüse sogar geradezu ideal und schaffen raffinierte Neukompositionen. Dabei dürfen ruhig auch Exoten mit verwendet werden, das bringt Schwung und Pfiff in unsere Küchen.

Und weil vieles Selbstgemachte gar so gut aussieht und schmeckt, wird daraus oft ein kulinarisches Geschenk, das nett verpackt was ganz Besonderes und oft das Allerschönste ist.

Daneben dienen uns auch Milch, Fleisch und Getreide als Gaben der Natur. Auch daraus läßt sich vieles machen, wie ein Blick in den reichen Erfahrungsschatz der Bäuerinnen zeigt.

Eine gute Ernte also, viel Freude beim Zubereiten,
und Musezeiten zum Genießen,

wünscht Ihnen

M. Weixler-Schürger

Inhaltsverzeichnis:

Marmeladen, Konfitüren und Gelees

Marmelade ganz einfach 17
Brombeer-Birnen-Marmelade 18
Kirsch-Pfirsich-Marmelade 19
Kirsch-Bananen-Marmelade 20
Bananen-Marmelade 21
Kirsch-Konfitüre mit Mandeln 22
Drei-Beeren-Konfitüre 23
Ampel- Marmelade 24
Johannisbeer-Gelee 25
Gelee in drei Etagen 26
Rohgerührte Himbeer-Marmelade 27
Himbeer-Marmelade 28
Beeren-Marmelade 29
Schlehen-Gelee 30
Rhabarber-Marmelade 32
Erdbeer-Rhabarber-Marmelade 33
Aprikosen-Erdbeer-Marmelade 34
Erdbeer-Ananas-Marmelade 35
Frühlings-Marmelade 36
Gelee aus Zitronen und Blutorangen 37
Orangen-Marmelade 38
Ananas-Orangen-Konfitüre 39
Kiwi-Blutorangen-Marmelade 40
Zwetschgen-Marmelade sehr fein 41
Zwetschgen-Marmelade mit Blockschokolade 42
Zwetschgen-Konfitüre mit karamel. Walnüssen 43
Rotwein-Zwetschgen 44
Rotwein-Zwetschgen mit Rum 45
Zwetschgen in Wein und Essig 46
Zwetschgen süß-sauer 47
Der Apfel 49
Apfel-Himbeer-Marmelade 51
Eingelegte Äpfel 52
Apfel-Kürbis-Konfitüre 53
Apfel-Kompott mit grünem Pfeffer 54
Apfel pikant 55
Apfelschnee 56
Guter Rat 57
Apfel-Kompott mit Weißwein 58
Holder-Apfel-Marmelade 59

Apfel-Gelee mit Holundersaft	60
Holunder-Pflaumen-Marmelade	61
Zwetschgen-Holunder-Marmelade	62
Kürbis-Holder-Marmelade	63
Holunder-Mîhren-Marmelade	64
Holunder-Gelee	64
Holder-Orangen-Gelee	65
Bayerisches Holdermus	66
Birnen-Kompott mit Rotwein	67
Mirabellen-Pflaumen-Kompott	68
Löwenzahn-Gelee	69
Karotten-Konfitüre mit Nüssen	70
Seebirnen-Marmelade	71
Hagebutten-Marmelade	72
Hagebutten-Marmelade mit Orangensaft	73
Zwetschgen-Tomaten- Marmelade	74
Tomaten-Marmelade	75
Kürbis-Marmelade mit Butter	76
Kürbis-Marmelade	77
Kürbis-Marmelade mit äpfeln	78
Schüttelweichseln	79

<u>Eingewecktes, Eingekochtes, Angemachtes</u>

Süß-sauer Eingemachtes	81
Micked Pickles	82
Senf-Gurken süß-sauer	83
Eingelegte Zucchini / Gurken	84
Eingemachte Gurken	85
Essig-Gurken mit Honig	86
Champignons in ôl	87
Grundrezept Senf / Zitronenessig	88
Hausmacher-Senf	89
Kräuteressig	90
Italienische Bohnen	91
Grüne Bohnen süß-sauer eingelegt	92
Eingelegte Bohnen mit Paprika	94
Randich eingemacht	95
Zwiebeln haltbar machen	97
Oma`s Sauerkraut	98
Rote Rüben (Rote Beete)	100
Süß-saure Zucchini	101
Eingemachte Zucchini süß-sauer	102
Zucchini-Verwertung	103

Kürbis in Zuckeressig	104
Kürbisse in Essig und Zucker	105
Kürbis pikant	106
Kürbis in Essig	107
Kürbis in Weißwein	108
Kürbis in Weinsud	109
Verwertung von eingelegten Kürbissen	110
Kürbis-Chutney	111
Letscho	112
Chutney	113
Zwiebel-Paprika-Relish	114
Gemüse-Relish	115
Apfel-Tomaten-Chutney	116
Tomaten-Chutney	117
Tomatenmark	118
Curry-Ketchup	120
Gewürzsoße von grünen Tomaten	121
Sellerieblätter (getrocknet)	122
Würze	123
Basilikum-Öl-Würze	124
Eingelegter Knoblauch	125
Grünzeug (Wurzelwerk) einsalzen	126
Eingesalzenes Suppengemüse	127

<u>Säfte, Weine und Liköre</u>

Roher Fruchtsaft	129
Sauerkirschsaft	130
Rhabarbersaft	131
Johannisbeersaft	132
Schlehensaft	133
Likörbereitung	134
Likör aus verschiedenen Beeren	135
Schlehenlikör	136
Schlehenwein	137
Hagebuttenwein	138
Anislikör	139
Himbeerlikör	140
Himbeer-Sherry-Likör	141
Waldmeister-Bowle	142
Schwarzer Kater	143
Zitronenlikör	144
Erdbeerlikör	145
Brombeerlikör	146

Kirschlikör	147
Heidelbeerlikör	148
Johannisbeerlikör	149
Johannisbeerlikör mit Kräutern	150
Johannisbeerwein	151
Holunder-Schnaps	152
Holunderlikör	153
Holunderblüten-Bowle	154
Holunderblütensekt	155
Holunderblütensaft	156
Uroma`s Holder-Sprudel	157
Holderlimonade	158
Holundersirup	159
Träumli-Likör	161
Bierlikör	162
Rotweinlikör	163
Kaffee-Rotwein-Likör	164
Orangen-Kaffee-Likör	165
Orangenlikör	166
Kaffeelikör	167
Schokolikör	168
Baly's	170
Nußlikör	171
Nougatlikör	172
Likör	173
Eierlikör	174
Beschwipste Früchte	175

<u>Kulinarische Geschenk-Ideen</u>

Weiße Rumkugeln	177
Rumkugeln	178
Rumtrüffel	179
Trüffel	180
Palmin-Trüffel	181
Sesam-Krokant-Pralinen	182
Marzipan-Pistazien-Pralinen	183
Rahmcaramellen	184
Schokoladepralinen	185
Gebrannte Mandeln	186
Mandelsplitter	187
Eiskonfekt oder Schneelaible	188
Spanisches Konfekt	189
Knusperle	190

Schoko-Rice-Krispies	191
Haferflockenkokoslaible	192
Choco-Crossies	193
Nervenkekse	194
Echter Marzipan	195
Konfektbäumchen	196
Aprikosenkonfekt	197
Faule-Weiber-Kuchen	198
Kirschwassernüsse	199
Kartoffelkuchen	200
Weihnachtshäuschen	202
Weihnachts-Likör	203
Eßbare, kandierte Blüten und Blätter	204
Getrocknete Apfelringe	206
Vanillezucker / Zitronenzucker	207

Milch und was man damit machen kann

Einfacher Kochkäse	209
Herstellung von Handkäse	210
Liptauer Käse	211
Eingelegter Weichkäse	212
Pikant eingelegter Käse	213
Molke-Verarbeitung	214
Säurewecker	215
Joghurt natur	216
Joghurt selbst gemacht	217
Joghurtherstellung im Backofen	218
Herstellung von Sauermilch (Dickmilch)	219
Einfache Herstellung von Quark	220
Frischkäse	221
Süßrahm	221
Früchtequark	221
Quark (Bibberleskäs)	222
Quark-Käse	223
Quark-Mayonaise	224
Pikanter Quark	225
Butter	226
Butterschmalz	227
Vanille-Eis	228
Himbeer-Eis	229
Erdbeer-Eis	230
Mandel-Krokant-Eis mit karamel. Orangen	231
Joghurt-Eis	234

Sorbets-Eisgetränke	236
Joghurt-Drink	237
Eis-Milch	238
Kinder-Trinkjoghurt	239
<u>Brote, Semmel und was drauf</u>	
Brotaufstriche	241
Würzige Butter	242
Kartoffelkäse	243
Würziger Brotaufstrich	244
Leberwurst	246
Grobes Bratwurstbrät	248
Geräuchertes Fleisch	250
Rauchfleisch	251
Schweine-Mett	252
Kräuterwurst	253
Brot	254
Vollkornbrot Ö la Luise	255
Sauerteigbrot	256
Bergbauernbrot	258
Dinkelbrot	259
Haselnußbrot	260
Kastenbrot	262
Emmentaler Brot	263
Reisbrot	264
Leinsamen-Knäcke	265
Pikantes Schinken-Käse-Baguette	266
Käse-Gebäck	267
Speckfladen	268
Salzspitz	269
Laugensemmel	270
Laugenbrezen	272
Seelen	273
Partybrötchen	274
Knusperbrötchen	276
Dinkelsemmel	277
Frühstücksbrötchen	278
Vollkornsemmel	280
Dinkel-Vollkornbrötchen	282
Früchtebrot	283
Birnenbrot	284
Apfelbrot von Tante Rosa	285
Apfelbrot	286
Bibelkuchen	287

Die Hausfrau

Wer stellt den Wecker, kocht Kaffee?
Wer weckt die Kinder, brüht den Tee?
Wer wäscht, bügelt, spült, kauft ein?
Wer hält die Wohnung ständig rein?
Wer deckt den Tisch, kocht Essen?
Wer sollte nie etwas vergessen?

Die Hausfrau ist's, die ungekrönt
all' dieses macht und uns verwöhnt.
Die Hausfrau, die meist ungekürt,
mit geschickter Hand das Haus regiert.
Ich mein dies ernst, und auch mit Recht,
denn ohne sie ging's uns recht schlecht.

D'rum Töchter, Söhne, denkt daran
- dies' gilt auch für den Ehemann.
Achtet ihre Arbeit, gebt ihr Mut!
Wer macht's von euch, wenn sie's nicht tut?

Marmelade ganz einfach

Man kann alle Früchte nehmen und alles mischen, nur muß man ganz einwandfreie Früchte nehmen oder schlechte Stellen großzügig rausschneiden
Zum Mischen eignet sich:
Brombeeren, Himbeeren, Johannisbeeren rot und schwarz, Äpfel, Birnen, Kiwis Bananen, Erdbeeren, Mangos usw
Alles kleinschneiden in einen Topf geben und gleiche Menge Zucker dazu umrühren und nun 1 kleine Prise Nelken gemahlen und 1/4 Teelöffel Zimt dazu geben, alles zusammen aufkochen und ein paar Minuten köcheln lassen immer fest umrühren dabei, dann in kleine Gläser abfüllen – fertig.
Am besten kleine Mengen machen da die Marmelade nicht so lange hält, also nur von 1 Pfd oder 1 kg.

Edeltraud Waibel

Brombeer-Birnen-Marmelade

500g Brombeeren
500g Birnen
Saft einer Zitrone
1 Kg Gelierzucker

Früchte waschen, Birnen würfeln, Zucker u. Zitronensaft dazugeben. Unter Rühren zum Kochen bringen, 5 min. kochen lassen. Heiß in Gläser füllen und verschließen.

Guten Appetit
wünscht

Barbara Schiegg

Kirsch-Pfirsich-Marmelade

1 kg Pfirsiche kurz in kochendes wasser tauchen, die Haut abziehen, die Früchte halbieren und entsteinen. Das Fruchtfleisch abwiegen und in kleine Stücke schneiden.
1 kg Kirschen waschen und entsteinen. Die Kirschen zu den Pfirsichen wiegen und den Gelierzucker entsprechend dazugeben. Über Nacht kühl stellen. Die Mischung zum Kochen bringen und 4 Minuten sprudelnd kochen lassen. Den Topf vom Herd nehmen. 1/8 l Kirschwasser unterrühren. Die Marmelade noch heiß in vorbereitete Gläser füllen und verschließen.

Susi Seising

Kirsch - Bananen Marmelade

1 kg Sauer od. Schwarzkirschen
1 Banane
1 kg Gelierzucker

Kirschen entsteinen
durch Fleischwolf drehen
od. Püriren
Banane zerdrücken
mit Zucker nach
Vorschrift kochen.

Bananenmarmelade

1 kg Bananen
5 Zitronen
500 gr Gelierzucker
100 ml Wasser

- Bananen zerdrücken
- Zitronen auspressen und Saft über Bananen träufeln
- mit Zucker und Wasser mischen
- vorsichtig aufkochen und immer rühren → brennt leicht an. In vorbereitete Gläser abfüllen.

R. Johler

Kirschkonfitüre mit Mandeln

1 kg Sauerkirschen, Saft einer Zitrone, 1 kg Gelierzucker, 25 g gehackte Mandeln, 5 halbierte Mandeln, 4 cl. Kirschwasser.

Gewaschene Kirschen entsteinen, eventuell halbieren. Mit Gelierzucker verrühren, 24 Std. zugedeckt stehen lassen. Dann vier Min. sprudelnd kochen lassen. Übrige Zutaten darunter rühren. Sofort in Gläser füllen und verschließen.

Schmeckt gut zu Naturjoghurt oder Quark. Auch Vanille- oder Schokoladeneis mit wenig Zuckerinhalt.

Zu verwenden auch als Kuchenfülle unter ungesüßte Sahne streichen.

Margret Reitemann

Drei-Beeren-Konfitüre

1 kg Erdbeeren
500 gr. Himbeeren
500 gr. rote Johannisbeeren
2 kg Gelierzucker

Erdbeeren etwas klein schneiden, Himbeeren & Johannisbeeren verlesen. Alle Früchte in einen großen Topf geben und mit Gelierzucker vermischen! Unter Rühren zum Kochen bringen! Vier Minuten sprudelnd kochen lassen und sofort in Gläser füllen!

G. Fleschutz

Ampelmarmelade

1/2 kg geschälte Kiwis
1/2 kg Gelierzucker
1/2 kg Aprikosen
1/2 kg Gelierzucker
1/2 kg Erdbeeren
1/2 kg Gelierzucker

Kiwi grob würfeln, den Gelierzucker einrühren und unter Rühren aufkochen. Etwa 3 - 4 Min. sprudeln kochen und noch heiß zu 1/3 in vorbereitete Gläser füllen.
Arpikosenmarmelade ebenso herstellen und in die Gläser füllen.
Bei der Erdbeermarmelade genau so verfahren und Gläser verschließen.

Die Marmelade sieht hübsch aus und ist besonders für Singels geeingent oder alle die, die die Abwechslung lieben.

Susanne Mayershofer

Susanne Mayershofer

Johannisbeergelee

4 Pfd Johannisbeeren (oder 3 Pfd Johannisbeeren u. 1 Pfd Himbeeren) gewaschen, aber nicht abgezupft mit 1/4 ltr. Wasser und 200 g Zucker zum Kochen bringen, ca 1/4 Std. leicht sprudelnd kochen lassen, ab und zu umrühren. Inzwischen 1 kg Zucker in einer gr. Schüssel oder Topf leicht erwärmen. Johannisbeeren in einem großen Haarsieb über den erwärmten Zucker gießen, umrühren bis sich der Zucker gelöst hat und sofort in die vorbereiteten Gläser füllen und verschließen.

Barbara Prestel

Gelee in drei Etagen

1/2 l frischer Brombeer- oder Holundersaft
1 EL Zitronensaft
1/2 kg Gelierzucker
1/2 l roter Johannisbeersaft
1/2 kg Einmachzucker
knapp 1/2 l Apfelsaft
2 EL Orangensaft
1/2 kg Einmachzucker

Brombeer- od. Holundersaft mit Zitronensaft und Gelierzucker mischen.
Unter Rühren aufkochen, 4 Min. sprudelnd kochen, heiß zu 1/3 kleine Geleegläser damit füllen. Den Johannisbeersaft mit Zucker verrühren, aufkochen, bis sich am Topfrand Schlieren zeigen und eine Tropfprobe auf kaltem Teller geliert.
Leicht abgekühlt in die Gläser füllen.
Apfel- und Orangensaft mischen, ebenso bereiten und einfüllen.

Wenn Sie für Jonannisbeer- und Apfelgelee den Saft nicht frisch bereiten, nehmen Sie Gelier- statt Einmachzucker. Zum Entsaften Obst zerdrücken, leicht erwärmen, über einem Tuch den Saft ablaufen lassen.

Susanne Mayershofer

Rohgerührte Himbeermarmelade

500g Himbeeren
500g Zucker
2 Eßl. Zitronensaft
evtl. 5g Citropect
1 Eßl. Himbeergeist

Früchte portionsweise mit Zucker
im Mixer der Küchenmaschine
vermischen
20 Min ruhen lassen
Geschmackszutaten untermischen
nochmals 3 Minuten mixen
(volle Leistung)
in vorbereiteten kleine Gläser
füllen, 1 Tag kühl stellen
und verschließen.

(G. Briechle)

Himbeer-Marmelade

500g Himbeeren
500g Gelierzucker
Saft einer Zitrone

Früchte waschen, abtropfen lassen. Durch den Fleischwolf drehen. Masse in einen Topf füllen, Zucker dazugeben und unter Rühren zum kochen bringen. Vom Kochpunkt an 10 Minuten brausend kochen lassen, abschäumen und den Zitronensaft dazugeben. Nochmals aufkochen lassen sofort in vorbereitete Gläser füllen und verschließen.

M. Walz

Marmelade

2 ℔ Rote Johannis Beere

½ ℔ Erd, Him oder Brambeer

2 ℔ graber Zucker

2 P Vanill Zucker

Johannis Beer auf kochen durch pasieren die zer-drückten Beeren dazu ge-ben auch den Zucker lang-sam dazu geben und auf lösen nur warm machen nicht kochen, sofort in Gläser fül len umdrehen schielint sofort dan ein gefriren, weil sie nicht so lange halt bar ist

Sara Reichart

Schlehengelee

2 kg Schlehen
1 kg Gelierzucker
1 Vanillestange
1/2 Teel. Vanille gem.
1 ungespritzte Zitrone
Wasser

Die Schlehen sollten den ersten Frost abbekommen haben oder überschlagt eingefroren werden, weil sie dann milder im Geschmack sind.
Waschen, putzen und entstielen.
In einem Topf mit Wasser bedeckt weich kochen
Die noch heiße Masse in ein mit einem Tuch ausgelegten Sieb geben und über Nacht abtropfen lassen.
Den erkalteten Saft ca 3/4 l mit dem Gelierzucker vermischen
Die ausgeschabte Vanille sowie

das Vanillepulver und die abgeriebene Zitrone hinzufügen
Alles zusammen ca 4 Minuten sprudelnd kochen lassen.
Heiß in Gläser abfüllen.

Manuela Vogler

Vanillepulver und unbehandelte Zitronen gibts im Naturkostladen.

Rhabarber Marmelade

1 kg Rhabarber

1 kg Gelierzucker

mögl. jungen Rhabarber verwenden, waschen, ungeschält in 2 cm lange Stücke schneiden, mit Gelierzucker vermischen und über Nacht ziehen lassen.
Diese Fruchtmasse am nächsten Tag 4 Minuten lang sprudelnd aufkochen und in Gläser füllen, sofort verschließen und auf den Kopf stellen.

Ulrike Scholz

»Gar lieblich dringen durch die Küche -
bis ins das Herz die Wohlgerüche«
(Wilhelm Busch)

Erdbeer - Rhabarbermarmelade

1 ℔ Erdbeeren

1 ℔ Rhabarber

1kg Gelierzucker

Erdbeeren waschen, Rhabarber säubern, in kleinere Stücke schneiden und im Mixer zerkleinern. Die Masse mit Gelierzucker mischen und aufkochen. In Gläser füllen. mm, mm das schmeckt.

M. Kigel

Was man zu jeder Zeit genießen kann,
das ist gewiß das Echte.

Aprikosen-Erdbeermarmelade

250 g Aprikosen
250 g Erdbeeren
2 Kiwi alles zerkleinern
250 g dickes Apfelmus dazü geben und 750 g Gelierzücker dazü mischen, Ein paar Stünden stehen lassen, dann 4-5 Minüten stark kochen. Heiß in Gläser füllen und verschließen.

Hilde Haug

Erdbeer - Ananas - Marmelade

750 g Erdbeeren waschen, entstielen und zerdrücken. 750 g Ananasfleisch (Ananas schälen und evtl. im Fruchtfleisch verbliebene „Augen" mit einem spitzen Messer ausschneiden). klein schneiden und zu den Erdbeeren geben. Saft von 1 Zitrone und 750 g 2 plus 1 Gelierzucker oder 1500 g normaler Gelierzucker dazu, über Nacht in den Keller stellen.

Die Mischung unter Rühren aufkochen und 4 Minuten sprudelnd kochen lassen. Noch heiß in vorbereitete Gläser füllen und verschließen.

Gutes Gelingen wünscht Susi Leising

Frühlingsmarmelade

Rhabarber ist sauer, die Banane ist süß. Die beiden Früchte zusammen in einem Topf ergibt eine wunderbare Marmelade.

800 g Rhabarber
200 g Bananen
1000 g Gelierzucker

Zubereitung:

Geputzter Rhabarber und die geschälten Bananen pürieren. Aufkochen lassen. Gelierzucker dazugeben und eine Minute kochen lassen.
Sofort in saubere Gläser füllen und gleich verschließen.

Anita Jörg

Gelee aus Zitronen und Blutorangen auch mal zum Verschenken

1/4 Zitronensaft 1/2 l Wasser
6-8 Blutorangen 1 kg Geleezucker.

Zitronsaft, Wasser und Geleezucker gut verrühren. Blutorangen schälen, von den einzel. Schnitzen die Haut vorsichtig abziehen, die Schnitze halbieren, Saft + Zucker zum Kochen bringen, nach 2 Min. Schnitze zufügen u. noch 2 Min. kochen lassen.

Das Gelee in kl. Gläser füllen. Mit angefeuchteter Einmachhaut od. Twist off verschließen.

R. Erd

P.S. kl. Stoff od. Spitzenrestchen mit Bändchen z. Verschenken.

Orangen - Marmelade

6 große Orangen und 2 Zitronen waschen und gut abtrocknen, dann schälen. Die Schalen in feine Streifen schneiden (von den Kernen befr.) Die ganze Masse in reichlich Wasser solange kochen, bis die Streifen weich sind. Dann abwiegen und ebensoviel Zucker dazugeben und noch eine Stunde kochen lassen. Noch heiß in Gläser füllen.

(G. Biechele)

Ananas-Orangen-Konfitüre

2 Ananas — von Blattkrone u. Wurzelansatz befreien, schälen und „Augen" herausschneiden in kleine Würfel schneiden

2 Orangen — schälen und ebenfalls in kleine Würfel schneiden

Saft 1 Zitrone
1 Teel. Ingwer
Gelierzucker nach Fruchtmenge
} mit den Früchten mischen

alles zum kochen bringen, mit Pürierstab pürieren und noch 2-3 Min. kochen. (Gelierprobe machen) In vorbereitete Gläser füllen, rasch verschließen und abkühlen lassen.
kommt als kleines Mitbringsel gut an!

Iris Matt

Kiwi - Blutorangenmarmelade

Kiwi schälen, kleinschneiden
Bluhorangen schälen, filetieren, kleinschneiden
je nach Menge Gelierzucker zugeben.
nach Vorschrift kochen
ein Likörglas weißen Rum zugeben
in Gläser abfüllen
und in winterlicher Ruhe genießen.

G. Schneider

Zwetschgenmarmelade
sehr fein

1 kg Zwetschgen entsteint, halbiert
1 kg Gelierzucker

- miteinander vermengen
- stehen lassen bis Zucker flüssig

gem. Zimt nach Geschmack zugeben
evtl. etwas Zitrone
ca. 4 Minuten kochen, Gelierprobe
vor dem Abfüllen 1 guten Schuß Rum zugeben, nicht mehr erhitzen.
Noch heiß in Twist-off Gläser abfüllen.

Gutes gelingen.

Walthaud Bächle Waibel

Zwetschgenmarmelade mit Blockschokolade

Zutaten: 1 kg Zwetschgen
100 gr. Zucker
10 – 20 gr. Blockschokolade
(je nach gewünschter Süße)

Zwetschgen waschen, entsteinen und unter ständigem Rühren zum Kochen bringen (Mus kochen) Zucker einrühren und nochmals aufkochen lassen. Blockschokolade in Stückchen zugeben und bis zur Gelierprobe weiterrühren. Marmelade heiß in gut gewaschene Gläser füllen und verschließen.

Guten Appetit

beim Brotzeitmachen
wünscht
H. Mayr

Zwetschgen-Konfitüre mit karamelisierten Walnüssen

Zutaten:
1 kg Zwetschgen (entsteint gewogen)
1 kg Gelierzucker
Saft von 1 Zitrone
2 Eßl Zwetschgenwasser
80 g Walnußkerne
2 Eßl Zucker

Zubereitung: Die Walnüsse ohne Fett leicht anrösten, Zucker darüberstreuen und erhitzen, bis er schmilzt und hellbraun karamelisiert.
Zwetschgen gründlich waschen, entsteinen und vierteln. Fruchtstücke, Zucker und Zitronensaft vermischen und unter Rühren vier Minuten kochen lassen. Zum Schluß das Zwetschgenwasser und die gerösteten Walnüsse unterrühren, sofort in vorbereitete Gläser füllen und verschließen. Während des Abkühlens öfters umdrehen damit die Konfitüre gut vermischt wird.

Inge Grasser

Rotwein-Zwetschgen

2 kg feste Zwetschgen

3/4 l Rotwein

250g Zucker

1 Zimtstange

6 Nelken

1 Vahillstange oder 2 P. Vanillzucker

Sud kochen aus Rotwein, Zucker und Gewürzen, die gewaschenen und entsteinten Zwetschgen portionsweise 3 Minuten darin Ziehen lassen (nicht kochen, sie zerfallen sonst leicht) in Schraubgläser füllen, Sud nochmals aufkochen, gleichmäßig die Gläser damit auffüllen und sofor t verschließen.

Ausgezeichnete Beilage zu Braten und Wild!

Guten Appetit wünscht

Brigitte Rauh

Rotwein - Zwetschgen (mit Rum)

Zutaten: 2 kg Zwetschgen (entsteint)

700 g Zucker

1 l Rotwein

1/4 l Rum

Zubereitung: Zucker über die Zwetschgen streuen und 24 Stunden ziehen lassen. Dann Zwetschgen mit 1 l Rotwein 1/4 Std. kochen lassen und dann 1/4 l Rum dazugeben und heiß in Gläser füllen.

Küchle Waltraud,
Hemmingen

Zwetschgen in Wein u. Essig
(besonders fein)

6 ℔ Zwetschgen
10 g Zimt
5 g Nelken
3/4 l Rotwein
3/4 l guten Weinessig
3 ℔ Zucker

Es sind gute, reife Zwetschgen nötig. Zwetschgen abwischen, halbieren u. entsteinen. Rotwein, Essig, Zucker u. Gewürze kochen, abschäumen. Zwetschgen hineingeben, einmal aufkochen. Zwetschgen in Gläser legen, Saft etwas einkochen, daraufgießen u. Gläser verschließen.

Paßt gut zu Mehlspeisen!

Guten Appetit

wünscht Anita Speiser

Zwetschgen süß-sauer

Etwa 3kg Zwetschgen (für 4 Gläser von je 1L Inhalt. Die Zwetschgen waschen und gut abtropfen lassen oder abreiben und in die Gläser füllen. Man einen Sud aus

150 g Zucker

1/2 L Wasser

2 Nelken, 1 Stange Zimt, ein Stück Ingwer, Zitronenschale aufkochen, Zucker muß aufgelöst sein, abschäumen 1/4 l Weinessig dazu gießen, abkühlen lassen, die Gewürze herausnehmen und den Sud über die Zwetschgen schütten und dann bei 75°C 30 Minuten einkochen.

schmeckt wunderbar zu Fleisch + Wild

Die Gläser längere Zeit im Keller stehen lassen (1 oder 2 Monate) dann schmeckts noch besser.

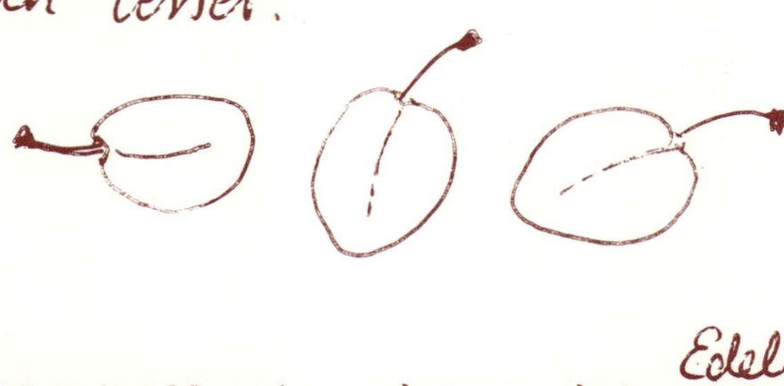

Edeltraud Waibel

**Frisch sind Beeren am allerbesten -
aber auch eingekocht ein wahres Gedicht ...**

Ein bißchen Historie
zum Thema "Apfel"

Der Apfel fällt, man glaubt es kaum,
Nicht immer nur vom Apfelbaum.
Mitunter fällt er auch vom Pferde,
Doch wenn er fällt, fällt er zur Erde!
Wie von Natur wohlweis ersonnen,
Daoben keine Menschen wohnen,
Die Äpfel zum Gelee verwerten
Oder zu Dung fü Schrebergärten,
Je nach der Fa obstsorte eben,
Wie eingangs deutlich angegeben.
Mit Äpfeln, die man essen kann
Fing leider auch das Elend an:
Denn auf den Genuß der Früchte
Folgte der erste Rauswurf der Geschichte,
Und eine Folge davon war
Das erste Flüchtlingsehepaar!
Der Apfel nun, somit historisch,
Blieb weiterhin obligatorisch.
Man denk in dieser Hinsicht bloß
An Wilhelm Tell's Armbrustgeschoß,
Das einen Apfel nahm zum Ziel,
Der Schuß gelang, der Apfel fiel!
Schon lange vor dem Eidgenossen,
Der diesen Meisterschuß geschossen

Besaß der Apfel offensichtlich
Kurswerte, welche frühgeschichtlich:
Dort, wo nach strengem Punktbewerten,
Bei Mißwahl Nr. 1 auf Erden
Die Göttin Venus klar obsiegte
Und deshalb auch den Apfel kriegte!

(Verfasser unbekannt)

x - x - x - x - x - x

Vorratshaltung

Der Pfarrer fragt in der Religionsstunde die Klasse: "Warum hat Gott Adam und Eva streng verboten, die Äpfel vom Baum in der Mitte des Gartens zu essen?" Nach langer Stille meldet sich zaghaft die kleine Anni, ein Mädchen aus einer kinderreichen Familie: "Vielleicht wollten Gottens die Äpfel einkochen!"

Äpfel sind auch gut für die Verdauung!!!

Noch ein Verdauungsrezept!

Hast mit Stuhlgang du Beschwerden,
Wird es dir bald leichter werden,
Wenn des Abends du mit Schweigen,
Ißt drei eingeweichte Feigen.
Trinkst du dann auch noch die Brühe,
Kommt die Wirkung zeitig frühe!!!

Brigitte Rauh

Apfel-Himbeer-Marmelade

500 g Himbeeren
600 g Äpfel
abgeriebene Schale v. ½ Orange
500 g Gelierzucker 2:1
2 EL Himbeergeist

Himbeeren verlesen, waschen und abtropfen lassen. Äpfel schälen, Kerngehäuse entfernen, Äpfel grob raspeln. Orangenschale und Gelierzucker unter die Fruchtmasse rühren, ankochen und unter ständigem Rühren 4 Min sprudelnd fo[illegible]chen. Himbeergeist unterrühren. Marmelade kochendheiß in Gläser füllen und diese sofort verschließen.

Sch. M.

EINGELEGTE ÄPFEL

GROSSES GEFÄSS SUCHEN (AM BESTEN STEINGUTTOPF).
HIEREIN ABWECHSELND EINE SCHICHT STROH UND EINE SCHICHT ÄPFEL SCHICHTEN. ÜBER JEDE SCHICHT ETWAS ESSIG UND EINE PRISE SALZ GEBEN.
MIT STROH ABDECKEN UND ZUM SCHLUSS HOLZLATTEN DARAUF PRESSEN UND BIS ZUM RAND WASSER AUF-GIESSEN.
NACH ZWEI MONATEN SIND DIE ÄPFEL AUFGEQUOLLEN UND BIETEN EINEN SEHR ANGENEMEN GESCHMACK.

Apfel-Kürbiskonfitüre

500g säuerliche Äpfel (geschält, geviertelt, gewogen)
500g Kürbis (vorbereitet gewogen)
Saft und abgeriebene Schale einer Zitrone
1kg Gelierzucker.

Die gewaschenen Äpfel schälen und raspeln. Kürbis schälen, die Kerne mit dem weichen Innenteil herausschaben, das Fruchtfleisch wiegen und in kleine Würfel schneiden. Zitronensaft und -schale zufügen und alles mit Gelierzucker vermischen, 4 Min sprudelnd kochen lassen. In Gläser füllen.

Vroni Diebolder
87760 Lachen

Apfelkompott mit grünem Pfeffer

400 gr. Äpfel grob schneiden od. reißen
100 gr Zucker
100 gr. Gelierzucker
etwas Zitronensaft

Ohne sonstige Flüßigkeit langsam zum Kochen bringen je nach Apfelsorte 10–20 Minuten kochen, umrühren
ca 1/2 Teel. grüne Pfefferkörner hinzufügen u. heiß in Gläser füllen.

Gartenbauverein Durach

H. Mayr

Apfel Pikant

1 kg Gravensteiner 1 kg Zucker
1 Beutel Gelierpulver 3 Eßl. grünen
Pfeffer.

Äpfel schälen, achteln, entkernen
u. in kleine Stücke schneiden.
Geliepulver mit 2 Eßl. Zucker ver-
rühren und mit den Äpfel in
einem Topf erhitzen (rühren).
Sobald es kocht restl. Zucker
dazu geben. Kochen laut Packung
v. Gelierpulver. Die Masse ab-
schäumen, grünen Pfeffer unter-
rühren in Twist off Gläser
füllen verschließen.

Paßt gut zu gebr. Leber
und saftigem Schweine-
braten.

Rosa Eid

Apfelschnee

1 kg Äpfel
2 Eiweiß
125 gr Zucker
1 Vanilinzucker

Äpfel schälen - vierteln und in wenig Wasser dünsten - durch ein Sieb streichen. Eiweiß und Zucker steiff schlagen Vanilinzucker und erkaltete Apfelmasse unterheben und solange schlagen bis eine weiße Creme entsteht In Glasschüsseln mit Früchten verzieren

Guter Rat

Damit Weihnachts-
gebäck schön mürb
wird, einfach einen
Apfel in die Gebäckdose
legen und aufbewahren

Äpfel sind gesund
deshalb jeden Tag
einen Apfel essen!

Apfelkompott mit Weißwein

1	Zitrone	1,5 kg	Äpfel
1 l	Weißwein	1	Vanillestange
125 g	Zucker	100g	Rosinen

Weißwein, Zitronenschale, Zitronensaft, Zucker erhitzen. Äpfel waschen, schälen, Kernhaus entfernen, achteln, portionsweise in Weinsud 1-2 min. blanchieren, abtropfen lassen.
Äpfel mit in Stücke geschnittener Vanillestange und Rosinen mischen. In Gläser füllen und Sud darüber verteilen. Bei 90°C 30min. sterilisieren.

Barbara Schön

Holder-Apfel-Marmelade

Finden Sie auch, daß es viel zu schade ist, das Fruchtmark nach dem Dampfentsaften einfach wegzuwerfen?
Dann machen Sie einfach noch eine gute Marmelade daraus!
Nach dem Dampfentsaften passieren Sie das noch warme Holderfruchtmus durch die „Flotte-Lotte". Davon wiegen Sie
600g Fruchtmus ab, geben
0,4 l Apfelsaft (frisch gepreßt oder aus der Flasche) und
1 kg Gelierzucker dazu.
Alles verrühren und 2-4 Minuten sprudelnd kochen lassen und abfüllen.

Auch aus dem entsafteten Fruchtmus von Johannisbeeren und Brombeeren kann in ähnlicher Weise Marmelade zubereitet werden, dabei sind Ihrer Phantasie keine Grenzen gesetzt. Bei stark gelierenden Früchten wie Johannisbeeren kann der Gelierzucker durch Haushaltszucker ersetzt werden.

Gutes Gelingen wünscht
Rosemarie Breyer

Apfel-Gelee mit Holundersaft

Mit dem Dampfentsafter Äpfel und Holunderbeeren getrennt entsaften.

Dann 3/4 L Apfelsaft
1/4 L Holundersaft
1 kg Zucker
1/2 Päckchen Gelfix
zusammenmischen

Gelee nach Vorschrift auf dem Gelfix-Päckchen kochen. Wenn man ein ganzes Päckchen Gelfix nimmt, wird es zu steif. Apfel-Gelee mit Holundersaft schmeckt sehr fruchtig und ist nicht zu süß.

Amalie Hörmann

Holunder-Pflaumenmarmelade

In vielen bäuerlichen Gärten kann man heute noch schöne Holunderbüsche wachsen sehen. Das "Rohmaterial" für diese Marmelade wächst also vor der Tür.

Zutaten:

1 kg Holunderbeeren
1 1/2 kg Pflaumen
2 kg Zucker
1/4 l Wasser

Die gewaschenen Holunderbeeren von den Stengeln streifen und mit 1/8 l Wasser zum Kochen bringen, 3-4 Min. sieden lassen. Aus den gewaschenen Pflaumen Kerne und Stiele entfernen und mit dem Rest des Wassers weich kochen. Holunder und Zucker beigeben und gut durchrühren. Bis zum Gelierpunkt kochen und in saubere, heiße Gläser füllen.

Marita Bischof-Nowotny

Zwetschgen-Holunder-Marmelade

750 g entsteinte Zwetschgen
250 g Holunderbeeren
Saft von 1 Zitrone
1 Päckchen Gelfix Zwei und Eins
500 g Zucker

Zwetschgen und Holunder pürieren. Mit 500 g Zucker mischen, Zitronensaft zugeben, den Fruchtbrei unter Rühren zum Kochen bringen. 1 Beutel Gelfix zugeben und unter ständigem Rühren 1 Minute kochen lassen. Dann randvoll in vorbereitete Gläser füllen.

Maria Sörgel

Kürbis - Holdermarmelade

250 g Holderbeeren
250 g Zwetschgen
250 g Kürbis

alles mit der Hackmaschine zerkleinern (Speckscheibe)

Dazu 250g dicken Apfelmus geben und 1 kg Gelierzucker darunter mischen. Am besten über Nacht stehen lassen. Das Ganze 4-5 Minuten sprudelnd kochen, heiß in Gläser füllen und verschließen

Hilde Haug

Holunder-Möhrenmarmelade

350g Holunder entstielen, waschen, mit 1/8 l Wasser kochen (ca. 3 Min.) und passieren.
400 g Möhren waschen, putzen, zerschneiden, mit 1/8 l Wasser kochen, durch den Fleischwolf drehen.
Das Mus mischen, wiegen und die Hälfte des Gesamtgewichts Zucker zufügen. Aufkochen und in Gläser füllen.

Holundergelee

Holunderbeeren kochen, den Saft durch ein Tuch ablaufen lassen. Ebenso Äpfel kochen und durchseihen.
Den Holundersaft mit dem Apfelsaft zu gleichen Teilen mischen und mit 500g Zucker auf 1 Liter Saftmischung zu Gelee kochen.

Müller Monika

Holder-Orangen-Gelee

1 l schwarzen Holdersaft
1 l guter Orangensaft
Gelierzucker n. Anweisung
1 Päck. Zitronensäure
n. Belieben etwas Zimt

Zubereitung:

Holder- u. Orangensaft zusammengießen mit Gelierzucker u. Zitronensäure vermischen u. aufkochen. 2-3 Min. leicht sprudelnd kochen lassen. Nach Belieben etwas gemahlenen Zimt unterrühren u. heiß in Gläser abfüllen.

Ein sehr erfrischend schmeckendes Gelee!

Agathe Tuanner

Bayerisches Holdermus

Zutaten: 1kg Holunderbeeren
600gr. Birnen, 600gr. Zwetschgen
150 - 200gr. Zucker, 1Tl. Nelken
gemahlen, 1 Tl Zimt gemahlen,
4Eßl. Zitronensaft, $\frac{1}{2}$ - $\frac{3}{4}$ l. Wasser

Zubereitung: Holunderbeeren waschen, von den Dolden streifen, Birnen waschen, schälen, vierteln und entkernen, Zwetschgen waschen und entsteinen. Das Obst mit Wasser, Zucker und Gewürzen mischen underhitzen, in etwa 10 Min. gar dünsten. Abgekühlt in Gläser füllen und 20 Min. bei 90° einkochen.

Paßt gut zu allen Süßspeisen!

Riegg Franziska

Birnenkompott mit Rotwein

4 kg	Birnen
1/2 l	Rotwein
1/2 l	Wasser
500 g	Zucker
1	Zimtstange
2	Zitronen

Birnen schälen, Kernhaus entfernen, vierteln, in Zitronenwasser legen. Wasser, Rotwein und Zucker aufkochen. Birnen in Gläser füllen, 1 Stange Zimt in jedes Glas, übergießen mit leichter abgekühlter Lösung bis die Früchte bedeckt sind. Bei 90°C 30 min. sterilisieren.

Barbara Schön

Mirabellen-Pflaumen-Kompott:
(selbst ein machen)

Zutaten für 4 Gläser (a 1/2 ltr Inhalt):

je 1kg Mirabellen u. 2 kg Pflaumen, 2 P. Einkochhilfe, 250 g Zucker, 1 Stange Zimt.

Zubereitung: Mirabellen u. Pflaumen waschen, entsteinen. In Gläser einschichten. Je einen halben Beutel Einkochhilfe darüber streuen. 1 ltr Wasser, Zucker u. Zimt aufkochen. Abkühlen über die Früchte gießen. Gläser im Einkochtopf bei 80 Grad ca. 30 Minuten einkochen.
Dieses Kompott schmeckt besonders gut zu Eierpfannkuchen, Milchreis u. Vanille Puding.

Kinder mögen's gern.

Katharina Miller.

Löwenzahn - Gelee

300 g Löwenzahnblüten ohne
Hüllblätter

1 1/2 l Wasser

1,8 kg Gelierzucker

Saft von einer Zitrone

Blütenkörbchen teilen, Blüten herausstreifen und im Wasser 6 Minuten durchkochen. Absiehen und ausdrücken. Den erkalteten Saft, mit Gelierzucker und Zitronensaft zum Kochen bringen. 4 Minuten kochen (sprudelnd). Gelee heiß in Gläser füllen.

Köhler Roswitha

Karotten-Konfitüre mit Nüssen

1 kg Karotten
1/4 l Orangensaft
Schale 1 unbeh. Orange
100 g geschälte Walnüsse
1250 g Gelierzucker
1 TL gemahlener Zimt
1 Msp. gem. Ingwer

Die gewaschenen Karotten dünn schälen, in feine Scheibchen oder Würfel schneiden und im Orangensaft weich kochen. Die ganz dünn abgeschälte Orangenschale ebenfalls in feine Streifen schneiden.
Nüsse grob hacken. Weichgekochte Karotten im Mixer zerkleinern oder durch ein Sieb streichen.
Das Mus in einem Topf mit Nüssen, Orangenschale und Gelierzucker vermischen und unter Rühren langsam zum Kochen bringen. Zimt und Ingwer zugeben, alles 4 Minuten sprudelnd kochen lassen und die fertige Konfitüre in Gläser abfüllen.

Susanne Mayershofer

In vielen Hausgärten, an vielen Bauernhöfen steht auch heute oft noch ein

Seebirnen oder Felsenbirnen-Baum.

Eßbar sind die kleinen harten Birnen ja nicht gerade, aber man kann sie wunderbar verwerten.
Für eine Marmelade verwende man 1 kg Früchte, geviertelt, 1 kg Gelierzucker oder 500 g Gelierzucker 2 plus 1.
Birnen kochen und durch die Flotte Lotte drehen, dann Marmelade wie gewohnt kochen.
Man kann die Birnen auch einkochen (gibt wunderbare Dessert- oder Dekor-Birnen).

Hagebuttenmarmelade

Hagebutten v. Stiel und
Butzen befreien, halbieren
dann weichkochen 1/2 - 1 Std.
durch Sieb passieren.
Das Mark mit Gelierzucker
kochen bis es dicklich wird

Ist zwar ein bischen
Arbeit, aber es schmeckt
sehr gut.

Maria Kietzler

Hagebuttenmarmelade mit Orangensaft

2 kg Hagebutten, Wasser
pro 700 g Fruchtbrei:
1/4 l frisch ausgepreßten Orangensaft
1 kg Gelierzucker, 4 Eßl Whisky

Hagebutten waschen, Blüten und Stiele entfernen, knapp mit Wasser bedeckt 20 - 30 Min kochen. Die Fruchtmasse durch ein feines Sieb streichen.
Fruchtbrei abwiegen und mit Orangensaft u. Gelierzucker mischen.
Unter Rühren 4 Min sprudelnd kochen lassen, abschäumen,* in heiß ausgespülte Gläser füllen und verschließen

* Whisky unterrühren nicht vergessen!

Elisabeth Rietzl

Zwetschgen-Tomatenmarmelade

600 g Zwetschgen
400 g Tomaten
1 kg Zucker

Zwetschgen und Tomaten waschen, halbieren und durch einen Fleischwolf drehen.
Zwetschgen- und Tomatenmus in einen Topf geben und zu Marmelade kochen.

R. Keck

Tomatenmarmelade

500g Tomaten halb rote / halb grüne
250g Äpfel
1 Apfelsine
Zucker 1:1

Die Tomaten waschen, vierteln, kochen und durch ein Sieb passieren. Ebenso die Äpfel. Die Schale der Apfelsine kleinschneiden, die Apfelsine auspressen, und alle Zutaten 1/2 Std. köcheln lassen. Die Apfelsinenschale entfernen. Gibt man statt einfachem Zucker Gelierzucker dazu, wird diese Fruchtmasse sehr schnell steif. Zum Schluß gebe ich dieser Masse etwas Alkohol zu (Wodka oder Rum) und lasse das Ganze noch einmal aufkochen!

Margit Hofer

Kürbismarmelade

1 kg Kürbis
1 kg Gelierzucker
50 gr Butter
1 Eßl. Rum

Saft und abgeriebene Schale
von 4 unbehandelten Zitronen.

Kürbis klein geschnitten,
15 Minuten glasig dünsten
und pürieren.
Alles mit dem Mixstab mischen
und gut 5 Minuten kochen lassen,

Elfriede Bertele

Kürbismarmelade

1 kg kleine Kürbiswürfel
mit etwas Wasser weichkochen
im Mixer pürieren, mit
1 kg Gelierzucker
etwas Zitronensäure
und gemahlenem Zimt und Nelken
fertig kochen; in Gläser abfüllen.

M. Kegel

Die Hoffnung auf Genuß
ist fast so süß, als schon
erfüllte Hoffnung.

Kürbismarmelade

1.5 kg Kürbisfleisch
1 kg Äpfel
2 Beutel zuckersparendes Gelierpulver
im Verhältnis zwei zu eins
1 kg Zucker
10 g Zitronensäure (Apotheke)
2 Vanilleschoten

Zubereitung:

Das rohe Kürbisfleisch durch den Fleischwolf geben. (oder Zauberstab). Äpfel waschen, schälen, halbieren und entkernen, und schmale Spalten schneiden. Beides in den Topf geben. Zuckersparendes Geliermittel, Zucker, Zitronensäure und das Vanillemark zugeben. Unter Rühren aufkochen. 3-4 Minuten sprudelnd weiterkochen. Die Marmelade sofort heiß in Gläser füllen und verschließen.

Anita Jörg

Schüttelweichseln

1 kg Sauerkirschen 1/2 l Essig
1 kg Zucker

Sauerkirschen waschen entsteinen, lauwarmen Essig über die Kirschen schütten, 24 Std stehen lassen. Früchte dann auf Sieb abtropfen lassen, abwechselnd mit Zucker in Gläser füllen verschließen u. auf den Kopf stellen. Gläser in den ersten 14 Tagen tägl schütteln, damit sich Früchte u. Zucker verbinden.

Schmecken gut als Beilage zu Magerbraten Wild aber auch zu Mehlspeisen.

R. Erd

Äpfel, Birnen, Pflaumen und vieles mehr -
direkt vom Baum ins Glas ...

Süß, sauer Eingemachtes!

1 Flasche Gurkenmeister

2 kg Zuchini

1 kg Paprika (rot, gelb, grün)

1 St Zwiebel

Saft von 2 Zitronen

1/2 l Apfelsaft

1 l Wasser

200 g Zucker

2 Teel. Salz, 2 Teel. Curry

Senfkörner, Pfefferkörner, Dill,

Alles grob schneiden, 10 Minuten kochen lassen, heiß in Schraubgläser abfüllen.

Erika Meusburger

Mixed-Pickles

1 kg Zucchini, 1 kg Gurken, 1 kg gemischter Paprika, 500 gr. Zwiebel
alles in Scheiben schneiden

Folgende Zutaten aufkochen

Saft von 2 Zitronen
1 l Wasser
1 Fl. Gurkenmeister
1/2 l Apfelsaft
100 g Zucker
1 Teel. Salz
2 Teel. Curry
etwas Dill, Pfeffer u. Senfkörner

Wenn die Flüssigkeit kocht, das Gemüse dazu und aufkochen. In Schraubgläser füllen und fertig.

Schmeckt unwiderstehlich gut, denn
Sauer macht Lustig

Luise Rommel

Senf-Gurken süß-sauer

2 1/2 Kg Salat-Gurken
1/2 l Wein-Essig, 1/2 l Wasser
1 Kg weißer Kandis
1 Stange Meerrettich
Pfefferkörner, 4 Nelken, 1 Bd. Dill
3 Eßl. Senfkörner

Die Gurken schälen, längs halbieren, die Kerne herauskratzen und die Gurkenhälften in ca. 1/2 cm dicke Stücke schneiden. Essig und Wasser aufkochen, über die Stückchen gießen und 1/2 Std. stehen lassen. Essigwasser mit Kandis und Gewürze aufkochen. Die Gurken hineinlegen und einmal gut durchkochen lassen. Danach ca. 3 Tg. im kühlen Raum stehen lassen. Nach 3 Tg. nochmals aufkochen lassen und heiß in Gläser füllen. Gläser verschließen und kühl stellen aufbewahren! Gutes Gelingen wünscht

Claudia Grimm, Tralkirchdorf

Eingelegte Zucchini / Gurken

1/2 ltr. Wasser
1/2 ltr. Apfelsaft
200 g Zucker
3 Teel. Salz
2 Teel. Currypulver
1 EL Gurkenmeister (Essig)
Senfkörner
Dillspitzen

2 kg Zucchini- / Gurkenstifte schneiden
1 kg Paprika rot, in Scheiben schneiden
Zwiebelringe

5-6 Min. im Sud kochen, kochend heiß in Gläser füllen, Gläser auf den Kopf stellen.

Maria Neumann

Eingemachte Gurken

2 kg Gurken (Kürbis - Zuchini)
4 rote Paprika
4 - 6 Zwiebel
3 Peperoni je nach Geschmack
alles kleingeschnitten

1 l Weinessig, 1/2 l Wasser
400 g Zucker
1 Eßl. Gurkeneinmachgewürz
1 Teel. Curcuma (in Apotheke erhältlich)
1 Teel. Senfkörner
5 - 6 Teel. Salz

alles miteinander aufkochen
10 Min. köcheln lassen, heiß in
Schraubgläser füllen, verschließen u.
auf den Kopf stellen, bis sie kalt sind.

Gutes Gelingen wünscht Susi Eller

Essig - Gurken

mit Honig!

1 Flasche Gurkenmeister
2 " Wasser
1 Eßl. Honig
1 Eßl. Salz
5 Eßl. Zucker
Zwiebel + Dill

zusammenmischen

kleine Gurken, oder geschälte in Stücke geschnittene Gurken möglichst dicht in Gläser füllen, mit Sud bedecken und bei 70° 15 Min. einwecken.

Marlies Kuf[illegible]

Champignons in Öl

500 g frische Champignons
1/3 l Weinessig
2/3 l Wasser
1 Bund Dill
1 Teel. getr. Thymian
1 Lorbeerblatt
1 Teel. Salz
4 Knoblauchzehen
Olivenöl

1. Es werden die Champignons mit Stiel verwendet. Die Pilze waschen und putzen.

2. Wasser, Essig und Gewürze (außer Knoblauch) zum Kochen bringen, Champignons hineingeben und den Sud aufkochen lassen. Nach 5 Min. vom Feuer nehmen. Die Pilze sollen weitere 20 Min. im verschlossenen Topf ziehen.

3. Sud abgießen, Pilze im Sieb abtropfen und auskühlen lassen. Jede Knoblauchzehe in 3-4 Stifte schneiden. Ausgekühlte Pilze und Knoblauchstifte abwechselnd in ein sauberes Glas füllen. Mit Öl aufgießen, bis alle Champignons bedeckt sind. Glas fest verschließen.

Gut verschlossen im Glas halten die Pilze 3-4 Monate.
Sie schmecken vorzüglich zu allem kalten Fleisch, zu Tafelspitz und Fleischfondue und passen zum kalten Büfett.

Reinhilde Zaiser

Grundrezept Senf

50g gelbe Senfkörner 1 Eßl. Zucker 1 Tl. Salz 30 ml Essig 40ml Wasser.
Senfkörner in (alter) Kaffeemühle sehr fein mahlen. Knoblauch, Kräuter, Pfefferkörner usw. werden gleich mitgemahlen. Alle Zutaten mit Handrührer 3 Min. rühren bis die Masse glatt ist. Nach 3-5 Tagen kann der Senf verwendet werden.

Zitronenessig

5-6 Eßl. Zitronensaft, Schale einer unbehandelten Zitrone, 1/4 l guten Weinessig einige Blättchen Zitronenmelisse.
Alles zus. in eine schöne Flasche füllen u. an einen kühlen Ort stellen. Sparsam verwenden sehr scharf.

R. Eck

Hausmacher - Senf

150g grünes Senfmehl
600g gelben Senf (ganz)
diesen im Mixer oder Mühle
grob quetschen
2 ½ tb braunen Zucker
verrühren

¾ l Weinessig mit 2 l Wasser
kochen. 1 Zwiebel, 1 Lorbeerblatt,
etwas Salz, 5-6 Nelken im Sud
ziehen lassen, am besten über
Nacht stehen lassen. Abseihen
und mit Senfmehl-Zucker-
Mischung verrühren.
Hält sich kühl gestellt wochenlang

Marlies Kufer

Kräuteressig

100-200 g Estragon o. Minze (frische Zweige)

6 Zweige Rosmarin

Die Gewürze waschen, abtropfen lassen, zerkleinern und in Weinessig geben. In Gläser mit Schraubverschluß geben. Einen Monat reifen lassen, damit das Aroma der Kräuter wirken kann.

Knoblauchöl

1 Glas (Schraubverschluß) mit Öl nach Wahl (ich nehme Olivenöl) füllen und einige abgezogene Knoblauchzehen reinlegen. Das Öl schmeckt gut zu Salat.

M.E.

Italienische Bohnen

Zutaten:

700 g Bohnen
3 Stengel Bohnenkraut frisch aus dem Garten
1 Pr. Salz
50 g Parmesankäse
3-4 EL Olivenöl

Die sauber geputzten Bohnen in einem Topf kochendes, gesalzenes Wasser zusammen mit dem Bohnenkraut ca. 20 Min. garen. Dann die Bohnen herausnehmen, im kalten Wasser abschrecken, abtropfen lassen und auf eine feuerfeste Platte anrichten. Danach bestreut man die Bohnen mit Parmesankäse und etwas Pfeffer und träufelt Olivenöl darüber. Die Bohnen werden jetzt im Backofen so lange überbacken, bis der Käse goldbraun geworden ist.

Marita Bischof-Nowotny

Grüne Bohnen-

süßsauer eingelegt – eine pikante Beilage zu kaltem Braten oder Fleischfondue.

2 kg grüne Bohnen, 8 Schalotten oder junge Zwiebeln, 1 Bund Dill 2 Peperoni, 4 Teel. Senfkörner, 8 Nelken, 2 Teel. Piment, 3/4 l Weinessig, 1/2 l kaltes Wasser, 375 g Zucker, 1 Eßl. Salz.

Bohnen putzen und waschen. Schalotten oder Zwiebeln schälen und längs vierteln. Dill waschen, Sträußchen von den dicken Stielen zupfen. Bohnen, Schalotten, Dillsträußchen, Peperoni, Senfkörner, Nelken

und Piment in saubere Einmachgläser füllen.
Essig, Wasser, Zucker und Salz so lange rühren, bis sich der Zucker gelöst hat. So viel Essigsud in Gläser füllen, bis er 2 cm hoch über den Bohnen steht. Gläserrand mit sauberem Tuch trocknen trockenen Gummiring und Deckel auflegen. Mit Klammer verschließen. Die Bohnen im 90 Grad heißen Wasserbad etwa 1 1/2 Stunden sterilisieren.

Elisabeth Wöllhaf

Eingelegte Bohnen mit Paprika

250gr. Bohnen ca. 10 Min. garen
2 grüne Paprika
2 rote Paprika
in Streifen schneiden
+ heiß abwaschen
2 getr. Chilischoten
2 Knoblauchzehen
Die fertigen Zutaten in Gläser füllen. Jetzt den kochendheißen Sud einfüllen, und die Gläser gut verschließen.

Sud: 3/4 l Wasser
3 Eßl. Essigessenz (25%)
1 Eßl. Salz
75gr. Zucker
1 Teel. Thymian
1x aufkochen lassen

A. Dreyer

Randich eingemacht

Randich kochen und schneiden (ich koche 1 großen Sicomatic

Sud kochen aus 2 l Wasser, 3/4 l Apfelsaft, 200 g Zucker, 1/4 l Kräuteressig und Salz. Sud aufkochen lassen, geschnittene Randich dazu, und nochmals aufkochen.

Heiß in Gläser mit Schraubverschluß geben.

Karola Haggenmüller

Aus eigenen und fremden Gärten -
wunderbar zusammen komponiert ...

Zwiebel haltbar machen

Die Zwiebeln schneiden, in etwas Öl oder Kokosfett leicht andünsten und portionsweise einfrieren. Gut herzunehmen, wenn die Zwiebeln recht teuer sind.

Für Gullasch, Pizzas, Knödl, Suppen usw. überall wo gedünstete oder geröstete Zwiebeln gebraucht werden. Eine angebrauchte Portion hält sich im Kühlschrank einige Zeit

Im Ranzenhof macht man das so.

Oma's Sauerkraut

15 kg Spitzkraut (netto)
1 Zwiebel
1 Eßl. Wachholderbeeren
1 Teel. Kümmel
1 Teel. Pfefferkörner
200g Salz
0,4l Molke

Weißkraut hobeln und im Krautfaß einstampfen. Eine Lage Kraut sollte etwa 10cm hoch sein. Darüber streut man 2-3 Eßl. Salz, einige Wachholderbeeren und Zwiebelringe, etwas Kümmel und Pfefferkörner. Nun wird solange gestampft bis sich Flüssigkeit bildet. Kraut und Gewürze in

Schichten zugeben und fest stampfen, bis das Kraut etwa 5cm mit Flüssigkeit bedeckt ist. Mit Krautblättern abdecken, Steine fest darauf drücken und Molke dazugießen.

Wichtig ist, daß das Kraut und die Steine immer mit Wasser bedeckt sind.

Krautfaß 2-5 Tage in der Küche bei Zimmerwärme stehen lassen, damit das Kraut gärt, dann kalt-stellen und nach ca. 6 Wochen ist der Gärvorgang beendet.

Für meinen 5 Pes. Haushalt stampfe ich 30 kg Kraut ein.

Ein gutes Gelingen wünscht H. Gabler

Rote Rüben (Rote Beete)

Man schneide das Kraut bis 2 cm von der Knolle entfernt ab und wasche die Rüben gründlich, möglichst mit einer Bürste. Die Wurzel darf nicht geschnitten oder verletzt werden, weil sonst die Rüben verbluten. Dann koche man sie etwa 2 Std. bis sie weich sind, schrecke sie unter kaltem Wasser ab, schäle sie und schneide sie in nicht zu dünne Scheiben. Die Scheiben übergieße man mit kochender Zuckeressiglösung.

Zuckeressiglösung:
500 g Zucker
1   l Essig
etwas in Mullsäckchen gebundene
Nelken, Senfkörner, Gurkengewürz

lasse sie über Nacht stehen, fülle sie anderen Tags ohne die Gewürze, jedoch mit einem Stückchen Lorbeerblatt in Einweckgläser.
Im Einwecktopf erhitzen.
20-30 Min. bei 80° (Grad)

Reinhilde Zaiser

Süß-saure Zucchini

1 kg Zucchini
400 g Zwiebel
5 Teel. Salz
je 1 grüne u. 1 rote Paprikaschote
1/2 l Weißweinessig
300 g Zucker
1/2 Teel. Pfeffer
2 Teel. Selleriesalz

Zucchini in kleine Stücke schneiden, Zwiebel in Ringe, mit Salz mischen, ein paar Stunden stehen lassen, kurz abspülen, Paprika schneiden, Zucchini, Zwiebel u. Paprika mit Essig, Gewürzen und 300 ml Wasser aufkochen, 30 Min. ziehen lassen (nicht köcheln), heiß in Schraub=verschlußgläser abfüllen,
hält ca. 3 Monate

Agnes Werder

Eingemachte Zuchini
(süß-sauer)

2 kg Zuchini

1 kg Paprika

500 g Zwiebel

1 Flasche Gurkenessig
1 Liter Wasser
1/2 Liter Apfelsaft
} aufkochen

200 g Zucker

4 Tl. Salz

1 Tl. Curry

etwas Dill

ein paar Senfkörner

ein paar Pfefferkörner

Saft von 2 Zitronen

Zum Schluß noch einmal aufkochen lassen!

Karin Kornes

Zuchiniverwertung: B.

Zuchini je nach Menge frisch geerntet vom Garten werden gewaschen, je nach Geschmack geschält der Länge nach halbiert und mit einem Löffel alles weiche und die Kerne entfernen. Dann in Scheiben schneiden und in etwas Wasser weich gedünstet. Dann nehme ich einen Purierstab oder gebe sie in ein Mixglas und mixe sie fein. Diese Masse lasse ich dann erkalten und gefriere sie dann in Dosen ein, jenach Personenzahl. Diese Zuchinimasse verwende ich für Zuchinicremsuppe oder auch für pikante Soßen zu Nudelgerichte. Auch für die helle Soße zu Lasagne wird als pikante Geschmacksrichtung diese Zuchinimasse verwendet.
Zuchinisoße mit Einbrenne hergestellt schmeckt auch sehr gut zu gekochtem Gemüse, überbackenem Blumenkohl oder zu Kartoffelauflauf.

Kürbis in Zuckeressig

Kürbis schälen und in fingerdicke Würfel schneiden.

Auf 1250 g Früchte

750 g Zucker streuen
1/4 l heißen Weinessig dazu
und Saft von 1 Zitrone

Das Ganze an einen kühlen Platz stellen und 3 Tage ziehen lassen. Am 4. Tag 2 Nelken u. 1 Stück Zimt zugeben. Anschließend die Masse kochen bis die Früchte weich u. durchsichtig sind. Jetzt in Gläsern abfüllen.

Tip: Wir essen die Kürbisse am liebsten zu Sauerbraten od. Rinderbraten!

Elisabeth Stadler

Kürbisse in Essig und Zucker B.

2,5 kg Kürbis (geschnitten in Stücke)

3/8 l Essig (5% Brandweinessig)

1/8 l Wasser

1,5 kg Zucker

Zimtstangen / Nelken / Ingwer

Kürbisse waschen, schälen entkernen, alles weiche entfernen. In Scheiben schneiden in eine Schüssel mit Deckel geben und mit dem Essig übergießen. Diese 24 Stunden stehen lassen dabei öfters durchschütteln oder mischen. Dann Essigwasser von Kürbisstücken abgießen, Gewürze und Zucker zugeben und Wasser zugeben. Alles aufkochen bis sich der Zucker gelöst hat, dann Kürbisse zugeben und weichkochen (- ja nicht zu weich kochen) mit Schaumlöffel in Twist-of Gläser füllen, den Sud noch weitere 15 Minuten kochen dann heiß über die Kürbisse füllen und Gläser sofort schließen. Verwendung nach etwa 3 Monaten.

Tip: Gewürze vor dem einfüllen wieder entnehmen, weil sonst oft braune Flecken auf den Kürbissen entstehen.

Tip: Bei uns werden diese Kürbisse sehr gern zu Fleisch oder im Naturjoghurt gegessen.

Kürbis pikant

Zutaten: 2 1/2 kg Kürbis, 1 1/2 kg Zucker,
1/2 l Weinessig, 1/2 l Wasser,
1/4 l Weißwein, 1/4 l frischen Orangensaft
1 Zitrone (ungespritzt) Saft und Schale
1 Stange Zimt, 6 Nelken

Zubereitung: Kürbis in größere Stücke schneiden. Mit Wasser und Essig bedeckt über Nacht kalt stellen. Am nächsten Tag mit etwas abgegossener Flüssigkeit und den übrigen Zutaten langsam glasig kochen. Wein und Orangensaft jedoch nur zum Schluß 15 Min. lang mitkochen. Saft und Früchte noch heiß in Gläser füllen.

Küchle Waltraud,
Hemmingen

Kürbis in Essig

Reife Kürbisse werden geschält und die Kerne und alles Weiche ausgeschabt. Sodann schneidet man sie der Länge nach in fingerdicke Streifen und dann in Würfel

Nun läutert man auf 2 ℔ Kürbis 1 ℔ Zucker mit 1/8 l Weinessig und 1/4 l Wasser. Nachdem er sirupartig gekocht ist, gibt man die Kürbiswürfel hinein und läßt sie dick einkochen, bis sie weich und glasig sind.

Kochend heiß in heiß ausgespülte Gläser füllen, mit Schraubdeckeln verschließen und auf dem Deckel stehend abkühlen lassen.

Elisabeth Rietzler

Kürbis in Weißwein

Zutaten: 2½ kg Kürbis, 2 l Weißwein, 15 cm Zimtrinde, 1 kg Zucker, 3 Zitronen, 2–3 Orangen, 12 Nelken

Zubereitung: Kürbis kleinschneiden, in Weißwein geben, mit Zitronenscheiben und Zucker kochen bis der Kürbis glasig ist. Weg vom Feuer; Zimtstangen, Nelken und Orangenscheiben dazugeben. 3 Tage zugedeckt stehen lassen. Dann bei 75° 15 Min. sterilisieren.

Marianne Vogt

Kürbis im Weinsud

4 kg Kürbis in Würfel schneiden, 1 kg Zucker, 2 l Tafelwein 10-12 Nelken 1 Stück Ingwer kernig weich kochen, zum Schluß 5 Zitronen mit Fruchtfleisch zugeben und vom Herd nehmen. In Schraubgläser füllen obendrauf 1 E.ßl Obstler geben, Deckel zumachen und gestürzt einige Stunden stehen lassen.

Göser Mary

Verwertung von Süß-sauer eingelegten Kürbissen

Die Kürbisstücke, werden in kleine Würfel geschnitten und einfachen Rührteigen, z.B. Gewürz- oder Schokoladenkuchen beigemengt.

Sehr gut auch in Lebkuchen anstelle von Orangeat und Zitronat.

Die Gebäcke werden sehr saftig und auch gerne gegessen, von Leuten, die keine Kürbisse mögen.

Margret Beitemann

Kürbis-Chutney

Zutaten:

1500 g Kürbis
250 g grüne Äpfel, ebensoviel Zucker, Zwiebeln und Rosinen
100 g Ingwer (gezuckert)
0.9 l Essig
1 Stange Zimt, 1 TL Ingwerpulver
12 Pfefferkörner, 2 TL Salz

Der geschälte Kürbis wird in Stücke geschnitten, mit Salz bestreut und über Nacht stehen gelassen. Nach dem Abtropfen wird er abgespült. Alle weiteren Zutaten (Zwiebeln klein geschnitten) werden dazu gegeben (Ingwer grob gehackt). Im vorgeheizten Backofen bei 150 °C etwa 1 1/2 Std. köcheln lassen, dann in saubere Gläser füllen und gut verschlossen im Keller aufbewahren.

Marita Bischof-Nowotny

Letscho

Im Sommer friere ich übrige Tomaten (Minitomaten sind Spitze) ein. Von denen läßt sich gut Letscho machen. In wenig heißem Öl in weitem Topf läßt man ringelig geschnittene Zwiebel etwas Farbe bekommen. Es dürfen ruhig 3 große Zwiebel sein, dann 1-2 geschnittene Paprikaschoten zugeben u. mitrösten. Die Tomaten (große etwas teilen) gefroren dazugeben und alles weichköcheln lassen.
Mit Suppenwürfel u. Maggi würzen evt. nach Bedarf etwas aufgießen. Zum Schluß mit Rahm verfeinern.
Zu Kartoffelpüree oder Fleisch servieren

Marlene vom Ranzenhof

Chutney

1 kg grüne Tomaten
350 g Zwiebeln
100 g Datteln
350 g Zucker
1/4 l. Weinessig
1/2 Eßl. Mehl
1 " Senf
1 Teel. Curry
2 " Cayenne-Pfeffer
1 " Curcuma
1 " Ingwer

Zubereitung:
Am Vorabend Zwiebeln u. Tomaten klein schneiden und gut einsalzen. Am anderen Tag die Masse fest ausdrücken. Tomaten Zwiebeln, Zucker, Essig und kleingeschnittene Datteln ca. 45 Min. kochen
Gewürze u. Mehl mit etwas Wasser glattrühren u. 10 Min. vor beendeter Garzeit zugeben! Immer wieder gut umrühren!
Heiß in kleine Gläser füllen und verschließen!

Stich Angelika Apfeltrang

Zwiebel-Paprika-Relish

1 kg Zwiebeln 1 Knoblauchzehe
je 200 g grüne und rote Paprikaschoten
6 EL Öl 250 g Farinzucker 1½ TL Salz
Paprika edelsüß 1/8 l Weinessig
1 Päckchen Einmach-Hilfe

Zubereitung: Zwiebel und Knoblauch schälen, in Würfel schneiden, Paprikaschoten entkernen, würfeln, in Öl andünsten, mit übrigen Zutaten 30-45 min dünsten lassen, evtl. kurz pürieren. Einmachhilfe unterrühren, das Relish kochendheiß in Twist-off-Gläser füllen und sofort verschließen. 5 min. auf dem Deckel stehen lassen.

Angelika Seelos

Gemüse - Relish

500g Zwiebeln 2-3 Knoblauchzehen
1 rote und grüne Paprikaschote
250g Zucchini 6 EL Öl 250g Tomaten

1/8 l Essig 250g Farinzucker 2 TL Salz
1 EL Paprika edelsüß 1 TL Currypulver
Pfeffer 1/4 Pepperoni 140g Tomatenmark

Zubereitung: Zwiebeln und Knoblauch schälen, Tomaten kurz heiß überbrühen enthäuten, Gemüse grob raspeln, in Öl andünsten, mit Essig, Farinzucker, Salz, Paprika, Curry, Pfeffer, Pepperoni ca. 45 min kochen lassen, pürieren, Tomatenmark unterrühren, abschmecken, sofort kochendheiß in Gläser füllen und verschließen, 5 min. auf dem Deckel stehen lassen.

Angelika Seelos

Äpfel-Thomaten-Chutney

Zutaten:
1 ½ kg Tomaten
1 ½ kg Äpfel
500 g Zwiebel
3 Paprikaschoten
evtl. Bleichsellerie
200 g Rosinen
250 g Zucker
0,25 l. Essig
2 Eßl Salz
1 Teel. Ingwer gem.

Zubereitung: Tomaten häuten, halbieren
Äpfel schälen und würfeln
Zwiebel hacken
Paprika und Sellerie vorbereiten, würfeln
Gemüse und Früchte im Topf langsam zum kochen bringen, Gewürze zugeben und alles im offenen Topf langsam 1 Std kochen - umrühren.
Wenn Sellerie dazugegeben wird muß vorgekocht werden.
Sehr gut zu Fleisch, Fisch, Soßen usw.

Inge Gramer

Tomaten - Chutney

6 Pfund grüne Tomaten
2 Pfund Zwiebeln
1 Pfund Zucker
1 l Weinessig
1/2 Pfund Datteln
Salz
2 Eßl. Senf
1 Eßl. Kurkuma
2 Eßl Curry
1/2 Teel. Cayenne
1 Teel. Ingwer
2 Teel. Paprika (süß)

Tomaten u. Zwiebeln grob schneiden. Salzen. 12 Std. stehen lassen. Wasser ausdrücken. Alle Zutaten (außer Datteln) 1/4 - 1/2 Std. nicht zu weich kochen. Datteln dazu. Noch 10 Min kochen. Mit 2 Eßl. Mehl eindicken lassen.

Schmeckt gut zu Käse, Wurst, ...

A. Linthaler

Tomatenmark

1 kg Tomaten
2 Eßl. Öl
1/4 l Essig
2 Teel. Zucker
1 Zwiebel
4 Pfefferkörner
2 Gewürznelken
Basilikum
1/2 Teel. Salz
2 Knoblauchzehen

Tomaten, Zwiebel u. Knoblauch ganz fein pürieren u. in einem Topf mit den übrigen Zutaten 15 min. mäßig kochen. Das Mark in Flaschen ab-

füllen u. die Oberfläche mit Öl beträufeln.
Die Flaschen kühl aufbewahren.
Das Tomatenmark eignet sich für alle italienischen Gerichte, sowie zum verfeinern von Tomatensuppen u. Soßen.

Curry-Ketchup

4 kg Tomaten
8 mittelgroße Zwiebel
$\frac{1}{2}$ l. Essig
5 Eßl. Salz
8 Eßl. brauner Zucker
5 Eßl. Curry
$\frac{1}{2}$ Tl. Curcuma
$\frac{1}{4}$ Tl. Ingwerpulver
1 Tl. schwarzer Pfeffer
$\frac{1}{8}$ Tl. Chillipulver oder Cayennepfeffer
$\frac{1}{8}$ Tl. geriebene Muskatnuß
$\frac{1}{4}$ Tl. Zucker
1 Tl. Kerbel gerebelt

Alle Zutaten 30 Min kochen und durch ein Sieb streichen, dann nochmals 20-30 Min kochen. Heiß in kleine Gläser füllen und verschließen

Stich Angelika Apfeltrang

Gewürzsoße von grünen Tomaten

1500 g grüne Tomaten
500 g Zwiebel
2 El. Salz
375 ml Essig
500 g Zucker
1 Teel Ingwer, 1 Teel Cayenpfeffer
1 El. Curry, 1 El. Mehl

Die Tomaten mit Zwiebel klein schneiden mit Salz bestreuen über Nacht stehen lassen. Die Masse ausdrücken, Essig, Zucker, dazu geben 45 Min. köcheln lassen. Das Mehl mit etwas Wasser glatt rühren die Gewürze dazu in die Masse rühren 10 Min. mit kochen. Sofort in Schraubverschluß Gläser füllen, und 5 Min auf den Kopf stellen.

Annelore Haggenmüller Jörgens

Sellerieblätter (getrocknet)

B.

Sellerieblätter je nach Menge die man später haben will, von den noch im Garten stehenden Sellerieknollen pflücken (am besten an einem Tag nach Regen und dann wieder Sonne so brauchen sie nicht lange gewaschen werden) Dann die einzelnen Blättchen abzupfen und auf ein mit Backpapier oder -Folie belegtes Blech geben. Im Backrohr bei Umluft ca. 50°-100°C etwa 2 Std. trocknen. Sie müssen ganz trocken sein, dann kann man sie in Gläser oder Blechdosen abfüllen. Ich verwende diese Blätter für Fleischbrühe, Kartoffelsuppe oder Kartoffelgerichte auch für Gemüse oder Salate jeder Art geben sie einen pikanten Geschmack. Zur Verwendung selbst nehme ich einfach einpaar Blätter und reibe sie zwischen meinen zwei Händen bis sie fein sind.

Tip Ebenso verfahre ich mit Maggikraut und verwende es für Suppen + Soßen.

Würze

Petersilie, Sellerie, Lauch, Gelbe Rüben, Zwiebel, Tomaten und Salz.

Von allen Zutaten, die gleiche Menge, zum Beispiel: je 1 ℔, sauber putzen und waschen, durch den Fleischwolf oder Hacker lassen. Zuletzt das Salz zugeben und gut durchmischen. In Gläser füllen, mit Schraubverschluß, kühl aufbewahren. Am besten im Keller.

Haltbarkeit ca. 2 Jahre.

Kann zu Fleisch- Gemüse- Kartoffelsuppen, Braten, Pickelsteiner u.s.w., verwendet werden.

Ein Tip: 2 Eßl. Würze, in 20 gr. Butter dünsten, durchseihen und zu Brätknödelteig geben gibt einen guten Geschmack.

Moll Maria

Basilikum - Öl - Würze

Frisches Basilikum ist nur wenige Wochen im Sommer erhältlich, daher kann man den guten Geschmack über eine Ölwürze konservieren.

Zutaten:

1 Bund Basilikum
2-4 Knoblauchzehen
2-4 TL Salz
1/8 l Sonnenblumen- oder Olivenöl

Herstellung:

Basilikum kalt abwaschen und abtropfen lassen. Die Blätter von den Stielen rupfen und zwischen Küchenpapier trocknen. Danach grob zerkleinern. Knoblauch schälen und in Scheiben schneiden. Beides nun mit Salz vermischt in ein sauberes Glas geben und mit soviel Öl übergießen, daß alles gut bedeckt ist. Im Kühlschrank aufheben. Lagerdauer: ca 1/2 Jahr.

Eingelegter Knoblauch

1/2 ltr Essig (Gurkenmeister)
500g Knoblauch
20 Pfefferkörner
20 Pimentkörner
4 Blatt Lorbeer
2 Nelken
4 Teel. Zucker
1/4 ltr Wasser

Diesen Sud lassen Sie 5 min kochen und legen dann die geschälten Knoblauchzehen ein. Danach nochmals kurz aufwallen lassen und in verschließbare Gläser füllen. Über den Inhalt geben Sie vorher noch einen Teelöffel Pflanzenöl. Nun lassen Sie das Ganze vier Tage ziehen.
Wenn Sie täglich 3 Knoblauchzehen hiervon essen tun Sie etwas für Ihr körperliches Wohlbefinden.

Garantiert ohne Knoblauchgeruch

Ohne Konservierungsstoffe

zum alsbaldigen Verbrauch

Margit Mösle

Grünzeug (Wurzelwerk) einsalzen

Je 1 Pfd gelbe Rüben, Petersilie mit Grün, Lauch, Sellerie mit Grün und 400 g Salz.

Wurzeln putzen, waschen gut abtropfen lassen, durch die grobe Scheibe der Fleischmaschine geben, in einer Schüssel mit Salz vermischen, in kleine Gläser mit Schraubdeckel anfüllen verschließen und kühl stellen. Kann über ein Jahr verwendet werden, zu Fleischbrühe Braten usw.

Gutes Gelingen
A. Geyer

Eingesalzenes Suppengemüse

Zutaten:

1 kg Wurzelgemüse - Gelbe Rüben, Sellerie, Lauch, und Küchenkräuter - Liebstöckl, Petersilie, Thymian, Selleriegrün

200 g Salz

Zubereitung:

Das Gemüse - je gemischter, desto besser, von jeder Sorte etwa gleich viel, gut putzen, in gleichmäßige Stücke schneiden und dann durch den Fleschwolf drehen.

Diesen Gemüsebrei gut mit Salz vermischen, in saubere Gläser oder einen irdenen Topf füllen und fest pressen. Das Gefäß gut verschließen, kühl u. dunkel aufbewahren. (Angebrochenes Glas im Kühlschrank)

Tips:

Dieses Suppengemüse kann wie frisches Gemüse, für alle Suppen verwendet werden. Wird eine Fleischbrühe gekocht, dann Gemüse erst nach dem Ankochen zugeben, da unter Umständen eine Rötung erfolgen kann. Beim Abschmecken auf hohen Salzgehalt achten. Ich habe das Suppengemüse auch zum Schweine- oder Rinderbraten verwendet, ergibt feine Sauce.

Gabi Schmid, Riedhirsch

Wer Sorgen hat, der hat Likör -
wer keine hat, vielleicht noch mehr ...

Roher Fruchtsaft.

Dazu eignen sich besonders Himbeeren Erdbeeren Heidelbeeren u. Johannisbeeren.

2 kg reife Beeren mit 2 l frischem Brunnenwasser in welchem 50-60 g Weinsteinsäure aufgelöst wurde übergießen. 24 Stunden stehen lassen, öfters umrühren, den Saft durch ein Tuch laufen lassen, ohne die Früchte zu drücken. Auf je ein Liter Saft 1 1/2 kg Zucker geben, 1 1/2 Std. rühren den Schaum abschöpfen, den Saft in Flaschen füllen, gut zu korken und kühl aufbewahren.

Rita Gebler

Sauerkirschsaft

Zutaten: 2kg Sauerkirschen, 1/2 l Wasser

Für 1 l Saft 400g Gelierzücker

Die Kirschen entsteinen, leicht zerdrücken oder zermixen und mit Wasser zum Kochen bringen. Den Fruchtbrei durch ein Tuch, oder Sieb ablaufen lassen, den Saft genau abmessen und mit der entsprechenden Menge Gelierzücker verrühren. Das Ganze zum Kochen bringen und 5 Min. kochen lassen. Noch heiß in vorbereitete Flaschen füllen und verschließen. (randvoll füllen)

Man kann statt Sauerkirschen auch Johannisbeer oder Brombeeren nehmen

Zu Pudding, Auflauf oder zum Eis schmeckt der Saft vorzüglich und geht schnell.

Rothärmel Ingrid
Diesenbach

Rhabarbersaft

(Garantiert nicht sauer!)

3 kg Rhabarber

5 l kochendes Wasser

6 Nelken

2 Zitronen inScheiben geschnitten (ungespritzt)

1 kg Zucker

Rhabarberstangen waschen, nicht abziehen, in 2-3 cm lange Stücke schneiden, mit dem kochenden Wasser übergießen, Nelken und Zitronenscheiben zugeben und zugedeckt 3 Tage kühl stehen lassen. Dann den Saft abgießen, Zucker zugeben und einmal aufkochen lassen. Den SChaum vorsichtig abschöpfen und den Saft in Gläser oder Flaschen adfüllen und sofort verschließen. Der Saft hält lange und schmeckt gut gekühlt mit Mineralwasser 2:1 gemischt wie Sekt!

Na denn, Prost!

Brigitte Rauh

Johannisbeer Saft!

2 l Saft

1 l Wasser

1 Kg Zucker

1/2 P. Einmachhilfe

Alles kurz aufkochen lassen, dann heiß in Flaschen füllen.

Mann kann den Saft mit Sekt, oder Mineralwasser mischen.

Dann Prost!

Erika Meusburger

Schlehensaft

Schlehen waschen und mit kochendem Wasser übergießen bis sie bedeckt sind. Dann 2 Tage stehen lassen, abgießen. Den Abguß kann man auch gut für Likör verwenden.

Schlehen wieder mit kochendem Wasser übergießen, und jetzt 3 Tage stehen lassen.

Der abgegossene Saft wird mit Zucker und einer Stange Zimt solange gekocht bis er klar ist. (125 g Zucker auf 1 l Saft), noch heiß vorsichtig in Flaschen füllen.

Agathe Herz

Likörbereitung

Grundrezept: 250 g Früchte (Kirschen, Himbeeren, Erdbeeren, Orangen, ...), 200 g – 300 g weißer Kandis, 0,7 l Korn, Rum, Weinbrand oder reiner Alkohol.

Früchte mit Kandis in ein hübsches Gefäß geben mit Alkohol aufgiessen, bei Zimmertemperatur 4–8 Wochen stehen lassen. Dann Früchte abfiltrieren, Flüssigkeit wieder in die Flasche zurück schütten, jetzt aber noch mindestens 2–3 Monate warten bis sich das volle Aroma entfaltet hat.

Dann Prost!

G. Prinz

30.4.96

Likör aus verschiedenen Beeren

1 kg Beeren oder Schlehen sind ganz gut geeignet.

1 l Kornschnaps in ein Glas mit Deckel füllen und 6 Wochen ziehen lassen mit Holzlöffel umrühren und abseien.

1/4 l Wasser mit 200 gr. Zucker kochen abkühlen mit Saft mischen und in Flaschen füllen.

Gutes Gelingen wünscht B. Burkart

Schlehenlikör

Schlehen nach dem ersten Frost sammeln und sauber waschen, dann werden die Früchte leicht angestampft (Achtung! ! Den Kern nicht beschädigen!) Das Obst in ein großes Gefäß geben und mit 50%igem Alkohol auffüllen. Eventuell beschweren. Nach 1 - 2 Tagen preßt man die Früchte scharf ab, damit möglichst wenig Alkohol zurückbleibt. Die aufgefangene Flüssigkeit wird genau abgemessen und dann wir folgt mit Zuckerwasser verdünnt. Auf 600ccm Preßsaft gibt man 400ccm Zuckerlösung die aus 300ccm Wasser und 150g Zucker besteht. Den Likör an einem dunklen und kühlen Ort einige Zeit ziehen lassen und gelegentlich schütteln.

Gutes Gelingen!

Martina Hämmerle, Kempten

Schlehenwein.

8 l Wasser, 5 ℔ Zucker,
2 l Schlehen, 5 unbehandelte
Zitronen.

Schlehen waschen und ein-
schneiden damit der Saft
besser austreten kann.
Die Schale der Zitronen ganz
dünn abschneiden.
Alles zusammen in einen
Ballon füllen ein wenig Hefe
zugeben u. an einen warmen
Ort stellen.

„Prost"!

Rita Gebler

HAGEBUTTEN WEIN

für 10 l Ballon

3 l Hagebutten

2,5 kg Zucker

42 g. Hefe

ca. 7 l Wasser

Die Hagebutten werden vom Stiel und Butzen befreit und aufgeschlitzt. Hagebutten in Ballon füllen, Hefe dazugeben, warmes Zuckerwasser einfüllen und mit Gär-spund verschließen, ca. 3 Monate Gären lassen bis alle Früchte auf dem Boden sind. In Flaschen abfüllen und die Weinprobe kann beginnen!
Prost!
Das Rezept kann auch mit anderen Früchten gemacht werden z. B. Dornschlehen

Anislikör

2 Eslöffel Anis und etwas Zitronenschale mit ½ Liter Alkohol 4-5 Wochen an die Sonne oder an einen warmen Ort stellen

abseinen

500 g Zucker mit ½ l Wasser läutern, lauwarm an den Alkohol geben. Dann in einer schönen Flasche kühl aufbewahren

Veronika Bietsch

Bolsterlang

Himbeer Likör

500g schöne Himbeer
500g weißer Kandiszucker
1 Liter Klarer Schnaps

Himbeer und Zucker in eine schöne Flasche füllen, mit Schnaps übergießen, Flasche verschließen und an ein sonniges Fensterbrett stellen.
Nach ca. 6-8 Wochen ist er fertig und man kann ihn zusammen mit den Himbeer verkosten.

zum wohl!"

Koneberg Rita

Himbeer-Sherry-Likör

500 g Himbeeren frisch
oder tiefgekühlt
250 g Zucker
1 Fl. Sherry medium
75-100 ml Weinbrand

Die Himbeeren mit dem Zucker mischen, auftauen lassen und leicht zerdrücken. Früchte in zwei Flaschen füllen, den Sherry zugießen und bei Raumtemperatur ca. 1 Woche ziehen lassen. Den Weinbrand zugießen, nochmals 1 Woche reifen lassen. Dann den Likör durch ein Sieb filtern.

Kühl servieren!

Zum Wohle! Senzi Jörg

Waldmeisterbowle

Waldmeister kurz vor dem Erblühen pflücken. Wenn er etwas angewelkt ist, waschen und in den Bowletopf geben und mit 1 l Wein übergießen.
Man gibt 200g Würfelzucker hinzu, und stellt die Flüssigkeit 2-3 Stunden kalt.
Vor der Besuch kommt, wird die Bowle abgesiebt, und mit 1 Flasche Sekt aufgefüllt.

Zum Wohle!

Agathe Herz

Schwarzer Kater

500 g schw. Johannisbeeren
1/4 l Himbeersaft
1 l Rum
250 g Zucker
1 Vanillestange
Zimtrinde, Gewürznelken

Alle Zutaten zusammen in einem großen Glas 3-4 Wochen zugedeckt stehen lassen.
Dann abseihen u. evtl. noch mit Zuckerwasser nach Geschmack verdünnen.

Doblen Rosi

Zitronenlikör

4 Zitronen schälen und die klein geschnittene Schale in ½ l Weingeist oder Kornschnaps ansetzen.

3 Tage stehen lassen und dann absieben.

1 l Wasser und 800 g Zucker aufkochen und dann das Angesetzte noch heiß zugeben, auskühlen lassen, und dann in Flaschen abfüllen.

Gutes Gelingen
wünscht

Agathe Herz

Erdbeerlikör

500 g aromatische, sehr reife Erdbeeren
250g Kandiszucker
1/4 Zimtstange
1 Zitrone
1 l weißer Rum

Die sauberen Erdbeeren mit dem Kandiszucker, Zimt und Zitronenschale und mit dem weißen Rum aufgießen. 4-5 Wochen am sonnigen Fensterplatz reifen lassen und in eine schöne Likörflasche füllen.

Ortmann Rita

Brombeer Likör

200 gr reife Brombeeren
150 g Kandis
½ Stange Zimt
0,7 l Kornbrandwein 38%

Gewaschene, gut abgetropfte Brombeeren, Kandis und Zimtstange in Flaschen oder Gläser füllen, mit Kornbrandwein auffüllen. Mindestens 6-8 Wochen ziehen lassen. Danach filtern in Fläschchen abfüllen und einige Wochen ruhen lassen

»Es ist ein Brauch von alters her,
wer Sorgen hat, hat auch Likör.
Doch wer zufrieden und vergnügt,
sieht auch zu, daß er welchen kriegt.«
(Wilhelm Busch)

Kirsch-Likör

- 200 g Sauerkirschen
- 200 g weißer Kandis
- 1 Stange Zimt
- 1 Gewürznelke
- 1 Flasche Weinbrand

Kirschen waschen, Stiele abzupfen. Einige Kirschen entsteinen, die Steine mit einem Hammer zerschlagen. Kirschen, zerschlagene Kirschsteine, Kandis und Gewürze in ein passendes Gefäß schichten, den Weinbrand darüber gießen. Das Gefäß schließen und 4-6 Wochen durchziehen lassen. Den Likör dann durch einen Kaffeefilter gießen und im Flaschen füllen. Danach noch mindestens 4 Monate lagern.

Paßt sehr gut zu Vanille- oder Sahneeis!

P. H.

Heidelbeer-Likör

200 g Heidelbeeren, 150 g weißer Kandis, 1 Gläschen Rum, 1 Liter Korn.

Die Heidelbeeren sorgfältig verlesen, waschen und gut abtropfen lassen. Mit dem Kandiszucker in ein Gefäß schichten und mit dem Rum und dem Korn aufgießen. Gut verschließen, 6-8 Wochen durchziehen lassen. Gelegentlich umrühren, damit sich der Kandiszucker löst. Durch Filterpapier oder Mulltuch filtern, in Flaschen füllen und nochmals einige Wochen ruhen lassen.

Zum Wohle!

Anni Geyer

Johannisbeer - Likör

150 g schwarze Johannisbeeren

150 g weißer Kandiszucker

1 Vanillestange

1 Flasche Korn (0,7 Ltr.)

Die Johannisbeeren waschen, gut abtropfen lassen und entstielen. Mit dem Kandiszucker und der aufgeschnittenen Vanillestange in Flaschen füllen und mit Korn aufgießen. Mindestens 6- 8 Wochen stehen lassen, gelegentlich die Flasche schütteln.
Gut geeignet ist ein sonniger Platz am Fenster.
Likör filtern (Filterpapier) und in Flaschen füllen, verschließen. Den Likör noch einige Zeit ruhen lassen.

J.B

Johannisbeerlikör mit Kräutern

300 g schwarze Johannisbeeren
300 g weißer Kandis
1 Zweig frische Pfefferminze
je 5 g Fenchel, Anissamen und
Kümmel
1 l Branntwein (od. Korn)

In eine große bauchige Flasche oder in den Rumtopf die gewaschenen, gut abgetropften Johannisbeeren geben, darauf den Kandis und die Gewürze. Mit Branntwein auffüllen und mindestens 4–6 Wochen stehenlassen. Danach filtern und in Flaschen füllen. 2 Wochen ruhen lassen.

R. Ü.

Johannisbeerwein

14 ltr. Johannisbeeren werden ausgesucht und durch die Maschine getrieben. Dann wird 18 ltr. kaltes Wasser darauf gegossen und läßt das Ganze 4–5 Tage stehen. Dann seiht man alles durch ein Tuch. Nun mischt man an den Saft 14 ℔ Zucker. Wenn dasselbe ganz aufgelöst ist, füllt man alles in ein Faß oder Flasche. Der Gärspund darf die ersten Tage nur ganz leicht aufgesetzt werden. Wenn er stark angegoren hat, setzt man den Spund fest auf. So lasse man das Ganze 8–10 Wochen gären. Nach dieser Zeit läßt man den Wein ablaufen, spült den Satz vom Faß heraus, gießt dann den Wein wieder in das Faß. Nun löst man 3 ℔ Zucker in 3 ltr. lauwarmen Wasser auf und gießt es dazu. Der Spund muß wieder ganz aufgesetzt werden. Ungefähr zu Weihnachten ist der Wein fertig, dann in Flaschen füllen und gut verkorken.

Sisch Angelika Apfeltrang

Holunder-Schnaps

Zutaten:

2 1/2 ℔ Holunder
1/2 l Wasser
1 ℔ Zucker
3 P. Vanillzucker
10 Tr. Bittermandel
1/2 l Rum

Zubereitung:

Den Holunder entstielen und unter fließendem Wasser waschen. Danach Holunder mit dem Wasser ca. 20 Min. durchkochen lassen. Zucker, Vanillzucker und Bittermandel unterrühren, und 10 Min. kalt stellen. Anschließend den Rum untermengen und in Flaschen abfüllen.

Gutes Gelingen!

Anni Rigg

Holunderlikör

3 1/2 ℔ Holunderbeeren mit 1 l Wasser eine 3/4 Stunde kochen. Dann durch ein Tuch pressen. Den Saft mit 2 ℔ Zucker 10 Minuten kochen. 5 Vanilzucker 9 Tropfen Bittermandelöl beigeben und zuletzt eine Flasche Rum 54 % dazu. Nicht mehr kochen, vorsicht schäumt leicht über, dann heiß in Flaschen geben.

Aloisia Melder

Vor dem Hollunder sollst Du den Hut ziehen ...

Hollunderblüten-Bowle

3 Hollunder-Blütendolden
3 Essl. Honig
0,7 l Rosewein
0,7 l Sekt

Die Hollunderblüten mit dem Wein aufgießen den Honig zugeben u. gut vermischen u. 8-10 Stunden im Kühlschrank ziehen lassen, mit Sekt aufgießen!

H. N.

Holunderblütensekt

20 Holunderblütendolden mit 5 l Wasser übergießen, langsam zum Kochen bringen. Abkühlen. Über Nacht stehen lassen. Abseihen. Mit 750 g Zucker vermengen, langsam aufkochen, in heiß ausgespülte Bügelflaschen (keine Flaschen mit Schraubdeckel) abfüllen. Kühl lagern. Erst an Silvester öffnen, aber Flasche vorher kühl stellen. Vorsicht beim Öffnen. - wie Champagner.

M. Kugel

Ein Augenblick, wo das Herz genießt, wiegt Stunden auf, wo der Körper schwelgt.

Holunderblütensaft

zum verdünnen

1 Liter Wasser, 1 Liter Weinessig, 5 Pfd Zucker, 3 Zitronen in Scheiben schneiden (Kerne entfernen) sonst wird der Saft bitter, und 14 Holunderblüten gibt man in ein 5 Liter Glas, rührt das durch und bindet mit einen Tuch zu. Dann stellt man das Glas an einem sonnigen Ort, und läßt es unter öfteren umrühren zehn Tage stehen.
Nach dieser Zeit wird der Inhalt abgeseiht. Der Saft in Flaschen gefüllt, die mit Korkenverschluß versehen oder mit einer anderen verschließbarer Flasche, in den Keller gestelltwerden. Der Saft wird mit Sprudel oder Wasser verdünnt getrunken. Er hält sehr lange.

Friederike Schaber

Uroma's Holder-Sprudel

10 ltr Wasser

2 ℔ Zucker

$\frac{1}{4}$ ltr Weinessig

3 Zitronen zerschneiden

10 Staudeln Holderblüten sauber waschen

Zubereitung:

Alles zusamen in einen Eimer geben und 2×24 Stunden stehen lassen abseihen. Dann ist er trink fertig. An heißen Tagen einfach gut.

Katharina Müller

Holderlimonade

5 l Wasser

1 kg Zucker

7 große Holderblüten

1 1/2 Zitronen-Scheiben

1/4 l Essig

Alles in ein Gefäß geben, zugedeckt 3-4 Tage stehen lassen, abseihen trink-fertig.

Rumelore Haggenmüller

Holundersirup

4 Zitronen schälen (Scheiben schneiden)

50 g Zitronensäure

16 Holunderblüten

2 l Wasser

2 kg Zucker

Alle Zutaten in Schüssel geben und 24 Std. stehenlassen, zwischendurch umrühren. Kalt in Flaschen abfüllen.

Schmeckt im Sommer sehr erfrischend! Am besten gemischt mit Mineralwasser oder Zitronen Limo.

Oh, fein!

Katharina Sch[illegible]

Ein Holderbusch gehört zu jedem Haus - und hat gar viel zu bieten ...

Träumli - Likör

rote oder schwarze Johannis-
beeren (kann auch gemischt)
weißer Kandiszucker
Doppel Korn oder Cognac

Beeren entstielen und waschen. Große Glasbehälter od. Schraubdeckelgläser damit bis zur Hälfte füllen. Bis zu zwei Drittel des Glases Kandiszucker zugeben. Glas immer wieder auf weichem Tuch aufstoßen. Bis 2cm unter dem Rand mit Korn auffüllen. Gläser verschließen und an einem warmen Ort 6 Wochen stehen lassen. Zwischendurch aufschütteln. Den Inhalt in Flaschen abfüllen. Einige Tage stehen lassen. Die übrigen Beeren schmecken gut zu, Eis, Pudding usw.

M. Kegel

Bierlikör

1/2 l dunkles Bier
250 g Zucker
1/4 l Schnaps
1/8 l Ruhm
1 Päck. Vanillezucker

Bier und Zucke in einem Topf erwärmen, nicht kochen lassen.
Schnaps, Ruhm und Vanillezucker dazu geben, nochmals erhitzen.
Wenn der Likör kalt ist, sofort trinkfertig.

Prosit!

Annelies Tschugg

Rotweinlikör

1 l Rotwein   10 kleine Mandarinen
500 g weißer Kandiszucker
1 Päckchen Vanillezucker
1/4 l Doppelkorn 38% 1/4 l Rum 54%
2 cl Himbeergeist

Zubereitung: Vanillezucker, Kandiszucker, Rotwein, kurz aufkochen, geschälte Mandarinen in kochende Flüssigkeit legen, Topf schließen und über Nacht stehen lassen, Früchte herausnehmen, Rum und Himbeergeist und Doppelkorn zugeben. In Flaschen abfüllen und ca. 4 Wochen reifen lassen

Angelika Seelos

Kaffee - Rotwein - Likör

1 l Rotwein

100 Stück Kaffeebohnen

1 P. Vanillezucker

100 g Zucker

ca. 6 Wochen stehen lassen
und gelegentlich schütteln

Gabriele Ahrens

Orangen - Kaffee - Likör

1 unbehandelte Orange
mit 44 Kaffeebohnen
bespicken und in ein
großes Einmachglas legen.

50 - 100 g Kandiszucker
und 1 l Weinbrand oder
Obstler zugeben.

An einem warmen Ort,
mit Klarsichtfolie zugedeckt,
44 Tage stehen lassen.
Gelegentlich umrühren, damit
sich der Kandiszucker löst.

Nach 44 Tagen absiehen
und in schöne Flaschen
abfüllen.

Sabine Feierle

Orangen - Likör

1000 g Kandiszucker
3/4 l Wasser
6 Orangen
3/4 l Weingeist

Kandiszucker in einem Topf mit dem Wasser erhitzen und auflösen. Orangen abreiben und auspressen. Beides mit dem Weingeist in die Zuckerlösung geben. In Flaschen füllen, gut verkorken und an einem warmen Ort stehen lassen, zwischendurch schütteln. Nach 3 Wochen filtern und wieder abfüllen. Nochmal 3 Wochen ziehen lassen.

S. J.

KAFFEELIKÖR

Man röstet 80g bis 100g feinen Mocca zerkleinert ihn grob, kocht 1/4 Liter Wasser mit 400gramm Zucker zu einem Sirup, läßt den Kaffee einmal darin aufwallen. Vermischt alles mit 1 Liter Cognac oder Kirschwasser, läßt alles in einem gut verschlossen Behälter 4. Wochen in der Sonne stehen, filtert den Likör und füllt ihn in Flaschen ab. (kühl aufbewahren)

Serviertip:

gut gekühlt
mit einem
Schuß
Sahne

Jäger Stefanie

Schokolikör

150 ml Milch kurz aufkochen
ständig Rühren

100g Schokoladenpulver, das
man mit 3 Eßl. Milch vorher
aufgelöst hat, dazugeben.

Diese Masse füllt man noch heiß
in den Mixbecher der Küchen-
maschine - auf 35° abkühlen

300 ml Zuckerlösung
1 Päckchen Vanillezucker
3 Eier
} mischen

Unter ständigem Rühren gießt
man in feinem Strahl
230 ml Weingeist 90% hinein u.
füllt mit Wasser auf die 1-Liter-Marke.

Es empfiehlt sich, den gemischten Likör im Wasserbad auf ca 50 °C zu erwärmen. Dabei das Rühren bitte nicht vergessen.
In weite Gläser od. Flaschen abfüllen, weil der Schokoladenlikör stark nachdickt und nicht mehr ausgeschenkt werden kann.
Den Likör bald nach seiner Zubereitung verbraucht.
Weingeist ist in der Apotheke erhältlich.

Gerlinde Biechele

Baly's

20 P Vanillezucker

1 Tasse starker Kaffee

1 Flasche Eierlikör

2 Becher Sahne

Wisky od. Cognac (nach Geschm.)

1 Woche kühl stellen.

AM BESTEN GUT VERSTECKEN,
SCHMECKT ZWEIFÜSSIGEN MÄUSEN
NÄMLICH EINFACH ZU GUT ...

Nußlikör

Noch vor Johannistag (24. 6.) etwa 20 grüne Walnüsse vierteln, in eine Flasche mit weitem Hals füllen,* mit 1 Liter Kornbranntwein übergießen, sodaß er 2 Fingerbreit über den Nüssen steht. Die Flasche stellt man gut verschlossen 14 Tage bis 4 Wochen in die Sonne oder an die Wärme. Nach dieser Zeit abseihen. 500 g Zucker werden in 1/4 Ltr. Wasser gekocht und diese Menge ausgekühlt zum abgeseihten Nußgeist gegossen.

* Mit 2 Gewürznelken, ein Stück Zimtrinde, ein kleines Stück Vanilleschote mit den grünen Walnüssen angesetzt schmeckt er noch besser.

Fertigen Nußlikör 1/4 ltr. mit 1/4 ltr. Rahm 2 Eßl. Kaba vermischt schmeckt wie Bailey.

Ps: Zum Vierteln der Walnüsse Handschuhe tragen, färben braun ab.

Rothärmel Ingrid

Nougatlikör

150 g Nougat, 6 Eigelb, 50 g Zucker, 1 Becher süße Sahne, ¼ l Rum (54 Prozent) ½ Vanilleschote.

Nougat, Eigelb und Zucker im Mixer cremig rühren, Sahne erhitzen und in dünnem Strahl unter die Nougatmasse rühren. Zuletzt Rum unterrühren. Nougatlikör in eine Karaffe gießen. Vanilleschote längs aufschlitzen und als Aroma in den Likör geben.
Nougatlikör kühl servieren. Dazu Plätzchen essen.

Elisabeth Wöllhaf

LIKÖR

Zutaten: 1 Becher Sahne
30 ml Cognac
2 Eßl. Zucker
2 gehäufte Eßl. Kaba
1 Päckchen Vanillezucker

alle Zutaten im Schüttelbecher fest durchschütteln.

Gutes Gelingen und sehr zum Wohl wünscht

Brigitte [illegible]

Eierlikör

Zum Wohle!

1/4 l Wasser
125 g Zucker
1/2 Vanilleschote
6 Eigelb
1/8 l Weingeist 90% (in Apotheke erhältlich)

Vanilleschote mit dem Zucker im Wasser auskochen.
Eigelb schaumig rühren.
Zuckersirup und Alkohol unterrühren.
Schütteln und in kleine Flaschen füllen.

Schnell und einfach!
Tolle, persönliche Geschenkidee!

Gertrud Muchler, Betzigau

Beschwibste Früchte od. Obsttopf

500g Obst → Kirschen, Kiwi,
Ananas, Beeren u.s.w.

bis 1/8l	Wasser	aufkochen
150g	Zucker	

über die Früchte gießen

1/4 l weißer Rum od. Batk.-rum
dazu gießen

2 Tage an einem kühlen Ort stellen
ca 2 Monate haltbar

zu Eis, Nachtisch, Sekt
schmeckt besser als Rumtopf
* keine Bananen od. Kernobst
wie Äpfel od. Birnen verwenden.

(Gerlinde Brechele)

**Wer Freunde hat, der macht gern Freude -
von Herzen und am besten selbstgemacht ...**

Weiße Rumkugeln

2 Eßl. süße Sahne
80 g Butter
2 Tafeln zerbr. weiße Schockolade
10 Stück. zerbrös. Löffelbiskuits
8 Eßl. braunen Rum
6 Eßl gehack. geröst. Mandeln
100 g geröst. Mandelblätter

Sahne und Butter im Wasserbad erhitzen, Schockolade darin schmelzen. Gut umrühren, abkühlen lassen. Rum und Löffelbiskuits mischen, Schockoladenmasse und geh. Mandeln unterrühren. Kalt stellen. Nach 1 Std kleine Bällchen daraus formen und in den Mandelblätter wälzen.

M. Kögel

Rumkugeln

1/4 l Sahne

700g Vollmilch-Schoko

4 Gläss. Rum

150g Walnüsse

Kokosflocken oder

Nüsse zum wälzen

Sahne und Vollmilch-Schokolade erhitzen, Rum und gemahlene Walnüsse unterrühren und erkalten lassen. Kleine Kugeln formen und in Kokosflocken, Nüssen oder Schokostreusel wälzen.

Roswitha Buchenberg
Rottach

Rumtrüffel

100 g Butter, 2 EL Kakao,
2 EL Rum (54%) 200 g gute Schokolade,
200 g Haselnüsse, Puderzucker

Butter schaumig rühren, Kakao
u. Rum unterrühren.
Schokolade im Wasserbad
schmelzen, etwas abgekühlt
mit den Haselnüssen unter
die Butter rühren. Soviel
Puderzucker unterkneten, wie
die Masse aufnimmt.
Kleine Kugeln formen in
Schokostreusel wenden, kalt
stellen, kühl aufbewahren.

Isolde Kirsner

Trüffel

Zutaten: 300 g Schokolade
100 g Butter
1-2 Stamperl Schnaps oder Likör

100 g Schokolade in einer Stielkasserole leicht zerlaufen lassen, restliche Schokolade stückchenweise mit flachem Schneebesen unterrühren, kalte Butter scheibchenweise unterrühren, zuletzt den Alkohol. Auf einen kalten Stein (z. B. Flur) stellen u. ab u. zu umrühren. Nach 5-10 Min. in Spritzbeutel füllen, kleine Tuffs auf eine mit Pergamentpapier belegte Platte spritzen. 15 Min. kalt stellen evtl. mit leicht erwärmter Kuvertüre verzieren. nochmals kurz kalt stellen.
In Gefrierdosen kühl aufbewahren.

Monika Seitz

Palmin-Trüffel.

2 Eier	30 g geriebene Mandeln
125 g Zucker	200 g Palmin
3 Eßl. Kako	1 Eßl. Rum
1 P. Vanille	60 g Trüffelschoko

Eier u. Zucker schaumig rühren. Koko, Vanille, Mandeln u. flüssiges Palmin unterrühren. Wenn abgekühlt Rum hinzufügen, Masse fest werden lassen. Kugeln formen und im Trüffel wälzen. In kleine Zellglastüten verpacken. Ein Nettes persönliches Geschenk.

K. Müller

Sesamkrokantpralinen

200 g flüssiger Honig
2 Epl. Butter
1/2 Teel. gem. Vanille, 1/2 Teel. Zimtpulver
150 g ungeschälte Sesamsamen

Den Honig mit der Butter, der Vanille und dem Zimt in einer möglichst schweren Pfanne unter ständigem Umrühren bei mittlerer Hitze 3 bis 4 Minuten sprudelnd kochen lassen, bis die Masse cremig ist. Die Sesamsamen hinzurühren und warten, bis es karamelisiert. Diese Maße auf ein Pergamentpapier (gefettet) 40 cm dick aufstreichen und ein paar Tage trocknen lassen, danach in Ecken schneiden.

Guten Apetit

Ortmann Rita

Marzipan - Pistazien - Pralinen

Zutaten für 30 Stück:

30 dag Marzipan - Rohmasse, 2 EL Rum, 60 g gem. Pistazienkerne, 35 dag Schokolade, 15 Pistazienkerne zum Verzieren, 30 Papierförmchen für Pralinen.

Zubereitung

Marzipan, Rum und gem. Pistazien verkneten. Eine Rolle formen und in ca. 30 Scheiben schneiden.
Mit den Händen zu Kugeln formen.
Schokolade im heißen Wasserbad schmelzen. Die Kugeln mit der geschmolzenen Schokolade überziehen. Pistazien halbieren und in den feuchten Guß drücken.
Trocknen lassen und in Papierförmchen setzen.

Gutes Gelingen!

Anita S.

Rahmcaramelen (Nidelzältli)

Harte Variante:

2 1/2 dl Milch

40g Margarine

250g Zucker

1/2 Päckli Vanillezucker

Alles in eine Pfanne geben, ca 25-30 Minuten unter Rühren kochen lassen, bis die Masse hellbraun und dicklich wird

Formen:

Masse auf ein gefettetes Backblech ausstreichen und halb erstarren lassen, in 2cm große Stücke schneiden, auskühlen lassen, auseinander brechen.

Weiche Variante:

2 1/2 dl Rahm

1 dl Milch

300g Zucker

Gleiche Zubereitung wie bei den harten Caramels

1-2 Eßlöffel Wasser

am Schluß beigeben

Diese Rezepte stammen aus der Schweiz Judith Mang

Schokoladepralinen

Zutaten: 150 g Butter, 100 g Puderzucker, 1 Pck. Vanillzucker, 2 Eigelb, 200 g zartbitter Schokolade.

Butter, Zucker u. Vanillzucker schaumig rühren, dann das Eigelb nach dem anderen einrühren. Inzwischen Schokolade im Wasserbad auflösen u. heiß unter die Buttermasse rühren. Etwas fest werden lassen u. dann mit einem Spritzbeutel kleine Rosetten in Pralinenförmchen spritzen. Evtl. mit Zuckerperlen verzieren. Zugedeckt kaltstellen. Mit Klarsichtfolie u. Schleife verpackt, hübsches Mitbringsel.

b.w

Gebrannte Mandeln

1 dl Wasser
1/2 Päckli Vanillezucker und
200g Zucker in der Pfanne zergehen lassen und aufkochen
200g Mandeln ganz ungeschält beifügen
Flüssigkeit unter ständigem Rühren bei mittlerer Hitze einkochen, bis der Zucker trocken wird. Jetzt weiter rühren, bis dieser wieder leicht zu schmelzen beginnt und die Mandeln glänzen. Auf einem gefetteten Backblech auskühlen lassen.

Ich nehme für die gebrannten Mandeln eine Gußpfanne und zum Auskühlen Dauerbackfolie

Judith Mang

Mandelsplitter

Zutaten:

1 Tafel Vollmilchschokolade
1 TL Kokosfett
100 - 125 g Mandelstifte
1 Msp. Zimt
1 TL Instantkaffee

Außerdem

Alufolie

Zubereitung:

Die Schokolade zerbröckeln u. mit dem Kokosfett in einen Topf geben. Beides im Wasserbad schmelzen lassen.

In die geschmolzene Masse die Mandelstifte, den Zimt und Instantkaffee hineingeben und unterrühren.

Auf einen Bogen Alufoliepapier mit einem Teelöfel kleine Mandel-Schokoladen-Häufchen setzen und erkalten lassen.

Gutes Gelingen
wünscht

Schmuck Centa

Eiskonfekt oder Schneelaible

500g Palmin
500g Puderzucker
150g Kakao
3 Vanillezucker

Palmin zergehen lassen, Puderzucker, Kakao und Vanillezucker glatt rühren und in Förmchen füllen. Im Kühlschrank oder im Schnee erstarren lassen.

Gutes Gelingen.

Josefa Scholl

Spanisches Konfekt

200g Nougat
3 Eßl. Weinbrand
50g gehakte Pistazien (Mandeln)
200g Marzipanrohmasse
100g Puderzucker
200g dunkle Kuvertüre
Weinbrand z. Beträufeln

Nougat schmelzen, Weinbrand und Pistazien (Mandeln) untermischen, Masse fest werden lassen, eine Rolle formen, Marzipan mit Puderzucker verkneten und zum Rechteck auswellen, mit Weinbrand beträufeln, Nougat darin einrollen, kalt stellen, Kuvertüre schmelzen, Rolle eintauchen und trocknen lassen, in 1cm dicke Scheiben schneiden

Marika Schwarzmann

Knusperle
(Choco-Crossies)

250g Kokosfett
100g Kakao
250g Puderzucker
1 geh. Eßl. Kaffeepulver (löslich)
2 P. Vanillezucker
250g Corn-flakes

Kokosfett schmelzen, Kakao, Puderzucker, Kaffeepulver und Vanillezucker untermischen, Corn-flakes unterrühren
Kleine Häufchen (mit 2 Teelöffeln) auf's Blech setzen, kalt stellen

Sigrid Eggensberger

Schoko - Rice - Krispies

200 g. Marzipanrohmasse
60 g. gem. Mandeln
50 g. Puderzucker
4 Eßl. Orangenlikör
miteinander verkneten und kleine Kugeln formen
400 g. Vollmilch- und 400 g. Zartbitterkuvertüre und die Marzipankugeln darin eintauchen (Gabel) und sofort in Rice-Krispies (Kellogg's) wälzen und auf Gitter trocknen lassen. → am besten am Vortag. Danach die Kuvertüre nochmals schmelzen und die Kugeln eintauchen auf Pergamentpapier trocknen lassen.
Ergibt ca. 100 - 130 Stück.

Ein gutes Konfekt das nicht nur an Weihnachten schmeckt, sondern auch verschenkt werden kann

von Marianne Pfeffele

Haferflocken Kokoslaible

250 g. Weizenmehl
3 g Backpulver
250 g Zucker
2 P. Vanillzucker
2 Eier
250 g Butter
200 g Haferflocken
200 g Kokosraspel

Mit den oben genannten Zutaten einen Knetteig herstellen.
Eine Zeit lang kaltstellen.
Den Teig ½ cm dick auswellen und mit rundem Ausstecher ausstechen. Bei Mittelhitze hellgelb backen.
Die Laible ausgekühlt mit Schokoglasur bestreichen.

Sehr gut, auch zum Verschenken!

Vera Diebolder
87760 Lachen

Choco - Crossies

2 T.	Schokolade	im Wasserbad schmelzen
20g	Fett	
3	Tassen Cornflakes	vorsichtig unter die Schokomasse mengen.
5 Eßl.	Kokusflocken	
1 Eßl.	gem. Mandeln	

Blech mit Alufolie belegen und mit Öl bepinseln. Mit 2 Tel. die Masse zu kleinen Häufchen formen und diese im Kühlschrank erstarren lassen.

Conni Dötz

Nervenkekse

500 g Dinkel gemahlen i. Reformhaus
200 g Rohrzucker " "
200 g Mandeln gemahlen
200 g Butter oder Rama
1 P. Dr. Oetker Bourbon Vanillezucker
2 ganze Eier Gr. 3
1 Teel. Muskat gemahlen
1 Teel. Nelken gem. "
2 Teel. Zimt gem. "

Zubereitung: Aus den Zutaten einen Mürbteig herstellen, Rollen formen, ziemlich flach drücken und 1 Std. in den Kühlschrank stellen. Dann 1 cm breite Stücke abschneiden und mit der Gabel ein Muster darauf drücken. Auf ein mit Backpapier belegtes Blech geben und bei 200° 15 Min. backen.

Diese Kekse essen auch die Kinder gern!

Maria Herz

Echter Marzipan

250g feingeriebene Mandeln
250g gesiebter Puderzucker
2 Eßl. Rosenwasser, Rum
oder Zitronensaft.

Alle Zutaten gut verkneten, auf Zucker ausrollen und nach Belieben ausstechen oder schneiden. Man kann die Zutaten auch leicht anwärmen, so daß sich ein Kloß bildet. Er wird über Nacht kalt gestellt, am anderen Tag ausgerollt und mit Formen ausgerollt oder in Dreiecke oder Vierecke geschnitten Man kann zwei Teile mit Gelee als Zwischenschicht übereinander-setzen und mit Zuckerglasur bestreichen.

D. B

Konfektbäumchen

mit Schokopralinen

In Klarsichtfolie verpacktes Konfekt, mit Schleife zugebunden stecken Sie eine lange Stecknadel.
Als weiteres brauchen Sie einen Holzlöffel, wickeln Alufolie um den oberen Löffelteil, daß eine Kugel von 10cm Ø.
Löffelstiel mit grünem Band umwickeln.
Konfekt dicht an dicht auf Alukugel stecken.
Konfektbäumchen in einen kleinen Gugelhupf oder Topf stecken, damit der Baum fest steht, noch eine Serviette mit hineinstecken.

Rotthammel Ingrid
Diesenbach

Aprikosenkonfekt

Zutaten: 75 g getrocknete Aprikosen, 75 g Korinthen, 200 g weiße Schokolade, 6 Eßl. Aprikosenlikör, 75 g Walnußkerne

Zubereitung: Die Aprikosen und Walnüsse grob zerkleinern, mit Korinthen und Likör vermischen und 2 Stunden ziehen lassen. Die Schokolade im Wasserbad auflösen und über die Früchte geben, alles gut verrühren. Mit einem Teelöffel kleine Häufchen auf ein Blech setzen.

Marianne Vogt

Faule - Weiber - Kuchen

Zutaten für den Teig:

200g Mehl
75g Zucker
1 Ei
75g Margarine
1 TL Backpulver

Zutaten für den Belag:

500g Quark
2 Eier
140g Zucker
1 P. Vanillpudding
1/2 Becher Sauerrahm
1/2 Tasse Öl
1 1/2 Tassen Milch
1 kleine Dose Mandarinen
1 P. klarer Tortenguß

Zubereitung:

Aus den Teigzutaten einen Mürbeteig herstellen u. in den Kühlschrank legen.

Quark, 2 Eier u. Zucker in einer Rührschüssel von Hand rühren. Vanillpudding, Öl Sauerrahm und Milch zusammenrühren und unter die Quarkmasse heben. Nach ca. 45 Min den Mürbeteig ausrollen, in eine Springform geben (die Masse ist sehr flüssig wird aber beim Backen gut fest) und die Mandarinen darauf verteilen.

Bei 180 Grad ca. 50 Min. backen.

Kuchen auskühlen lassen u. mit klarem Tortenguß überziehen.

Josefine Bodenmüller

Kirschwassernüsse

Zutaten:

200 g weiße Schokolade, 200 g Walnußkerne, 50 g Puderzucker, 6 Eßl. Kirschwasser

Zubereitung:

Die Schokolade im Wasserbad schmelzen, dann den gesiebten Puderzucker und das Kirschwasser (leicht erwärmt) unterrühren. Die Masse etwas abkühlen lassen, dann nußgroße Kugeln daraus formen. Je eine Kugel zwischen zwei Walnußhälften geben und leicht zusammen drücken. In Konfektmanschetten setzen.

Kartoffellebkuchen

750g Zucker
650g Mehl
5 Eier
9 mittlere, gekochte u. durchgepreßte Kartoffel
2 Päck. Lebkuchengewürz
200g Mandeln gemahlen
200g Nüsse gemahlen
200g Orangeat
200g Zitronat
5ml Bittermandelöl
2 ½ Päck. Backpulver

Alle Zutaten in eine große Schüssel geben und mit der Hand zusammen kneten. Über Nacht stehen lassen. Jetzt Lebkuchen formen und auf runde Oblaten setzen.
Backtemperatur: 200°C Zeit: 15-20min
Die ausgekühlten Lebkuchen mit Schokoglasur überziehen.

Tip:

Zum verschenken gebe ich die Lebkuchen gern in eine hübsche runde Dose oder verpacke sie in durchsichtigem Zellufanpapier. Mit Schleife und Strohsternen dekoriert kommt daß in der Advent- und Weihnachtszeit sehr gut an.

Viel Freude beim probieren!

Elisabeth Stadler

Weihnachtshäuschen

Oben genannte Zutaten mit flüssiger Schokolade zusammenkleben.

Fertige Häuschen in Zellglas-Bodenbeutel tun und mit Geschenkband zubinden. Nun hat man ein kleines Geschenk.

Petra Kennerknecht, Freibrechts

Weihnachts-Likör

1 ganze Vanillstange
1 Zimtstange
1 Nelke 3 Pimentkörner
1 Teel. Anis, 1 Teel. Fenchel
1 Tasse braunen Kandiszucker

in eine Flasche füllen,
mit 32% oder 38% Korn
auffüllen
5 Tage ziehen lassen,
dann abseihen
und in eine schöne Flasche
oder Karaffee füllen.

Marianne Tröbersberger

Eßbare, kandierte, Blüten und Blätter

zum dekorieren von Festtagstorten, Desserten oder als besondere Tischdekoration.

zu verwenden sind z.B. Blüten von:

- kleinen Duftrosen
- Schlüsselblumen
- Stiefmütterchen
- Kapuzinerkresse
- Holunder

Blätter z.B. von:

- Klee
- Löwenzahn
- Kapuzinerkresse

oder verschiedene Heilkräuter!

meine Tips:
- nehmen Sie nicht zu große Blüten und Blätter
- bei Rosen sollte man kräftigere Farben nehmen.
- duftende Blüten geben einen besonderen Geschmack.
- probieren Sie doch selber noch andere Blüten und Blätter aus.

Und so wird's gemacht:

Blüten und Blätter vorsichtig waschen und mit Küchenpapier abtrocknen.

1 Eiweiß mit 3 Eßl. Wasser schaumig schlagen (nicht steif).
Blüten überall mit einem weichen Pinsel, der in den Eischnee getaucht wurde betupfen (Bitte schnell arbeiten, sonst trocknet es vorher).
Bepinselte Blüten und Blätter mit feinem Kristallzucker bestreuen. Zucker muß überall an der Blüte kleben.
Blütenblätter mit Zahnstocher nochmal in Form bringen und vorsichtig trocknen.

Bei nicht zu großen Blüten bei Zimmertemperatur, bei großen Blüten im Backofen bei 30-40 °C.

Ich wünsche viel Spaß und Freude und gutes Gelingen.

Sohler Margret
aus Weiler-Sbg.

Getrocknete Apfelringe

Hierfür eignen sich besonders Äpfel aus dem eigenen Obstgarten.
Auch wenn diese optisch nicht mit gekauftem Obst konkurrieren können, sind sie im Geschmack doch unübertroffen.

Äpfel schälen, Kernhaus ausstechen und in ca. 1 cm dicke Ringe schneiden.
Mit Zitronensaft bestreichen damit sie nicht braun werden.

Zum Trocknen auf die Gitter eines Dörrapparates legen auf mittlere Stufe schalten und trocknen lassen.

Die trockenen Ringe in Gläsern aufbewahren.
Apfelringe sind eine gute Ergänzung zum Pausebrot.

A. Wagner

Vanillezucker selbst bereiten

Er vermittelt den Speisen ein viel feineres Aroma als der abgepackte, käufliche Vanillezucker.

Vanillestange klopfen, der Länge nach halbieren und ausstreifen, mit etwa 200g feinem Zucker gründlich vermischen und verreiben. In einem gut schließenden Schraubglas aufbewahren.

Zitronenzucker

Man verwende ungespritzte Früchte.

Die Zitronen sorgfältig waschen und abtrocknen.
Zitronenschale abreiben, mit reichlich feinem Zucker gründlich vermischen, in einem Schraubglas aufbewahren.
Orangenzucker kann ebenso zubereitet werden.

Renate Gusic

Das weiße Gold des Allgäus, unsere Milch - für Käse, Butter, Quark und Eis ...

Einfacher Kochkäse

500 g Quark, 100 g Butter, 1 Teelöffel Salz

Den Quark fest in einen sauberen Steinguttopf oder ein Glas drücken. Etwa 5 Tage warm oder auf dem Fensterbrett in der Sonne stehen lassen, bis er gärt. Die Masse mit der Butter abrühren, salzen und bei schwacher Hitze aufkochen lassen. Abgekühlt zerschneiden und austrocknen lassen. In Frischhaltefolie verpacken und kühl lagern.

Wer will, kann den Kochkäse auch mit 1 Messerspitze Kümmel zubereiten.

J. B.

Herstellung von Handkäse

vergleichbar mit Feta

Verwenden kann man Ziegen-Schafs- oder Kuhmilch auch H-Milch. Milch auf 24°C anwärmen. (Bei allen Rezepten zur Milchverarbeitung ist Thermometer-kontrolle wichtig)
Auf 1 Liter Milch nimmt man 4-5 Tropfen flüssiges Lab mit etwas kaltem Wasser verdünnt
Die Milch sollte innerhalb 4-5 Stunden dick werden - Zimmertemperatur - Ist die Milch dick wird die Gallerte in Würfel von 2-3 cm geschnitten. Wenn sich die Molke etwas absondert Gallerte in Käseformen füllen, hierzu kann man gut in Plastikbecher von 10 cm Höhe Löcher stechen damit die Molke abfließen kann. Der Käse wird wenn er die Form behält gewendet und wieder in die Form zurück. Ist der Käse fest nach 8-10 Stunden wird mit groben Salz bestreut Nach einem weiteren Tag wenden und nochmals salzen. Ist der Käse abgetrocknet kann er in Würfel geschnitten werden und mit Olivenöl u. Kräutern in Gläser geschichtet werden - ist eine Köstlichkeit -
Er kann auch gleich verzehrt werden

Guten Appetit!

Liptauer Käse

125g Butter, 250g Quark,
1 kleine Zwiebel, 2 Sardellen,
1/4 Teelöffel Salz, 1/2 Teelöffel
Paprika, 1/2 Eßlöffel Kapern

Die Butter schaumig rühren, den Quark dazuschlagen. Die Zwiebel und die Sardellen getrennt fein wiegen und nacheinander darunterziehen. Würzen und die Kapern dazugeben.
Den Käseberg hübsch anrichten, kalt stellen und mit noch etwas Paprika überpudern.

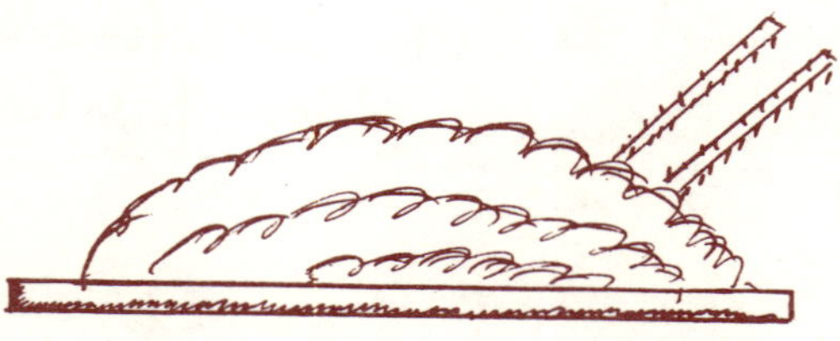

J. B.

Eingelegter Weichkäse

5 Ltr. kuhwarme Milch mit 250 gr. Buttermilch mischen, im Wasserbad eine ½ Std. bei 32°C warmhalten. Nach einer ½ Std. das Lab zugeben. Nun etwa 1 Std warten bis das ganze fest geworden ist. Jetzt schneidet man alles mit einem großen Messer kreuz und quer und schräg und wartet 10 min. bis sich oben die Molke abgesetzt hat. Man schöpft nun diese Masse vorsichtig in einen Seiher und läßt die ganze Molke ablaufen. Es kann ein Teller und ein Marmeladeglas zum beschweren darauf gestellt werden. Während der nächsten 2 Tage sollte der Käse an einem kühlen Ort stehen und 2x mit Salz eingerieben werden und etwa alle 8 Std. gewendet werden. Nun kann man ihn in Scheiben schneiden und in Knoblauch und Öl einlegen. Man kann in das Öl auch andere frische Kräuter geben, je nach Belieben. Der Käse sollte gerade so mit Öl bedeckt sein. Nun mindestens 1 Tag eingelegt sein lassen, damit es den Geschmack gut aufnehmen kann. Mit frischem Weißbrot servieren!

Guten Appetit wünscht

Marianne Pfeffer

PIKANT EINGELEGTER KÄSE

500gr. Schafskäse

schwarze u. grüne Oliven
4 Knoblauchzehen, 1 kl. Zwiebel
Kräuter (Thymian, Rosmarin, 2 Lorbeerblätter
Basilikum, Oregano, Koriander
Pfefferkörner)

1/2 l Öl

Käse in mundgerechte Stücke schneiden.
Knoblauch und Zwiebel schälen und schneiden
In ein Glas Käse, Oliven, Zwiebel, Kräuter und Gewürze schichtweise einfüllen und soviel Öl darüber geben, daß alle Zutaten bedeckt sind.

Das Glas verschließen und den Käse an einem kühlen Ort mindestens 2 Tage durchziehen lassen.

Haltbarkeit: ca. 4 Wochen
Eignet sich sehr gut als kleines Mitbringsel

Hildegard Krohmer, Altusried

Auch Molke kann man weiterverarbeiten:

z.B. Molke mit Vollmilch und etwas Zitronensaft erwärmen. Sobald das Eiweiß ausflockt abschöpfen und zu einer Kugel formen. Schmeckt super und kann in Molke auch einig Tage gelagert werden.
Dieser "Ziger" kann auch für Palatschinken oder Quarkknödel verwendet werden.
Oder man mischt ihn mit Kräutern oder Knoblauch, formt kleine Laibchen und trocknet diese. So entsteht ein harter Reibkäse, der ziemlich lange haltbar ist.

Säurewecker

besonders für die Vorratshaltung

I 1 Liter H-Milch 1,5% Fett

II $\frac{1}{2}$ Liter davon auf 25°C erwärmen

III $\frac{1}{2}$ Briefchen Dickmilch-Ferment mit der angewärmten Milch vermengen und in eine Thermosflasche füllen

IV 24 Stunden ruhen lassen, nicht bewegen

V Nach angegebener Ruhezeit den restlichen $\frac{1}{2}$ Liter Milch dazu geben und durchrühren

VI Jn Eiskugel-Beutel (Melitta-Toppits) füllen, zuknoten und ins Gefriergerät legen, hält sich lange

Günstige ist gleich das ganze Briefchen Dickmilch-Ferment zu verwenden also 2 Liter H-Milch, damit das Ferment nicht verdirbt

Säurewecker wird zu Quark, Sauer-Rahm u. Käseherstellung verwendet. Zu Quark auf 10 L Milch 4 Kugeln, Käse 10 L Milch 1-2 u. Sauer-Rahm 1 L Rahm 1 Kugel Ferment gibt es im Reformhaus

Jogurt machen

1 l. Rohmilch zum Kochen bringen, dann auf 40-45° Grad abkühlen lassen (Kochthermometer). Dann 1 Biogurt darin auflösen. Die Mischung in eine Thermoskanne füllen und über Nacht stehen lassen. Am nächsten Morgen ist ein leckerer und preiswerter Joghurt fertig.

Der Mensch ist, was er ißt.

Daniela Maier

Joghurt selbst gemacht

1 L Milch

1 Becher natur Joghurt 150g

Milch erhitzen, auf 45 °C abkühlen. Joghurt flüssig schlagen und langsam unter die warme Milch rühren.
Joghurtmilch abdecken und an einem warmen Ort ca 6-8 Std ruhen lassen.
Leichter und schneller geht es mit einem Joghurtbereiter.

Gutes Gelingen

*Joghurt eignet sich ideal als Beize, macht Fleisch zarter

M.W.

Joghurtherstellung im Backofen

Vollmilch abkochen, auf 45°C abkühlen (Thermometer!) guten Naturjoghurt (kein Magerjoghurt) mit dem Schneebesen unterrühren, in Schraubgläser abfüllen, in den 45°-50°C warmen Backofen stellen 2-3 Std. Herausnehmen und auskühlen lassen.
Backofen kann nach 1/2 Std. abgeschaltet werden.

1 Becher Joghurt für 1 l Milch.
Dieser Joghurt kann dann für die weitere Herstellung als Impfgrundlage verwendet werden.

Luise Natter

Herstellung von Sauermilch (Dickmilch)

I 1 Liter Rohmilch auf 80°C erhitzen

II Die erhitzte Milch auf 22°C abkühlen

III Auf 1 Liter Milch 1 Esslöffel gekaufte Dickmilch oder ein Briefchen Dickmilchferment unterrühren

IV Den Ansatz bei Zimmertemperatur einen Tag ruhig stehen lassen

V Die dicksaure Milch ist dann verzehrbereit Kann im Kühlschrank aufbewahrt werden

VI Für einen weiteren Ansatz wieder wie oben verfahren

Sie können statt der Milch Rahm erhitzen ebenso verfahren wie zu Sauermilch u. erhalten damit Saure-Sahne. Köstlich zu Soßen, Salaten usw

Einfache Herstellung von Quark

Verwendung für Quarkspeisen, Kuchen, und Frischkäse.

3 l Milch
3 Eßl. Dickmilch (1 Becher Dickm. 250 g)
1 Nudelsieb mit Tuch
(das man imer nach Gebrauch auskochen kann.)

Frische Milch erwärmen auf 45°C
3 Eßlöffel Dickmilch dazurühren.
Die Milch dann ruhig im warmen Raum oder Herdnähe stehen lassen, am besten nicht unter 25°-20° Grad.
Sie sollte nach 12-18 Stunden dick sauer sein. Die Milch dann vorsichtig abrahmen, das ist ein guter Sauerrahm.
Die Dickmilch dann vorsichtig mit dem Schöpflöffel in das mit dem Tuch ausgelegte Sieb schöpfen, und das Molke ablaufen lassen.
Nach ein paar Stunden, Verwendung zu Quarkspeisen und Kuchen.
Nach 20-24 Stunden kann der Quark für Frischkäse verwendet werden.

Frischkäse

Quark in Förmchen drücken (Becher von Dickmilch) kalt stellen, dann stürzen mit Schnittlauch oder Kümmel bestreuen.

Den Quark zu Quarkspeisen und Kuchen mit Mixestab bearbeiten, daß er fein wird.

Süßrahm

Die Milch kalt stellen, abrahmen, den Rahm erhitzen auf 80° Grad, in ein Gläschen füllen, abkühlen, in den Kühlschrank stellen, gibt gut gekühlt eine schöne Schlagsahne.
Die Milch erwärmen und auch zu Quark verwenden.

Früchtequark

300 g Quark
100 g Zucker
Saft ½ Zitrone
1 Eßl. Sauerrahm
} mixen

Erdbeeren
(oder Mandarinen
Früchtemark
dazugeben
nach Geschmack

R. Schmölz

Quark

(Bibberleskäs)

Zutaten: 3 l frische ungekühlte Milch
(auch v. Kühen die nur noch 1x am Tag gemolken werden)
Salz, Pfeffer, Paprika, Kümmel, Schnittlauch, Kresse

Die Milch in einen Steinguttopf füllen und warm stellen (neben Holzherd od. Kachelofen).
Am nächsten Tag den Rahm abschöpfen und kalt stellen. Nach 2-3 Tagen sollte die Milch dick sein.
Kurz durchrühren, noch etwas wärmer stellen, wenn sich oben Molke bildet in einen mit einer alten Stoffwindel ausgelegten Seiher geben, Molke ablaufen lassen (zum Brotbacken, Tomaten gießen oder für Schweine verwenden).
Ein paar Stunden später Quark mit Rahm verrühren und beliebig weiter verwenden.
z.B. mit Salz, Pfeffer, Paprika u. Kümmel verrühren, evtl. noch etwas Milch zugeben und mit frischen Kräutern bestreuen. Dazu Brot od. Pellkartoffel

Monika Seitz

Quark - Käse

200g Magerquark, 300g Joghurt
100g Käse (Weislacker u. Camenbert)
pürieren Salz u. Pfeffer dazu geben.
4 Bl. weiße aufgelöste Gelatine mit 1/8 l
süßer, steifgeschl. Sahne dazugeben.
50g gehackte Kürbiskerne mit 50g Kräutern
(Schnittl., Petersilie, Sauerampfer) 1 Knoblauch-
zehe 1 Eßl. Öl mixen u. würzen.
Eine Schüssel (3/4 l) mit kaltem Wasser
ausspülen. Die Quark u. die
Kräutermasse, schichtweise in die
Schüssel geben.
2 Std. im Kühlschrank fest-
werden lassen.
Dazu passen Pellkartoffel, Baguett
u. Salate.

Rosa Eid

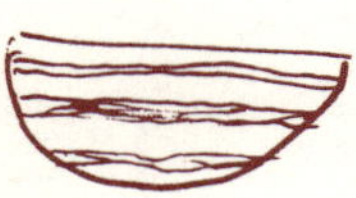

Stürzen u. in Scheiben schneiden

Quark-Mayonaise

250g Magerquark
4-5 Eßl. Dosenmilch
1 Eßl. Öl
1 Messerspitze Senf
Salz, Pfeffer, Zucker, Streuwürze, Zitronensaft u. Essig nach Geschmack aus. zu einer dick-flüssigen Masse schlagen.

Gut geeignet zum Anrichten von Wurst, Fleisch oder Heringssalat.
(Je nach Geschmack können verschieden Kräuter dazu gegeben werden.)

Rosa Erd

Pikanter Quark

250g Magerquark
200g Frischkäse
150g Crème fraîche

miteinander verrühren,
feingeschnittene Zwiebeln und/
oder Knoblauch zugeben,
mit Paprika, Salz, Kümmel
abschmecken.

Schmeckt als Brotaufstrich
oder als Dip!

Barbara Schiegg

Butter

kann man su süßem oder angesäuertem Rahm herstellen. Dazu Rahm absammeln und Säurewecker zusetzen. In einen kalten Raum stellen und täglich beobachten bis er sauer ist. Dann im Mixer oder wenn vorhanden im Butterfaß (bei größeren Mengen ratsam) rühren, also buttern (ideal bei 12 bis 14 Grad). Nach 5-10 Minuten setzt sich erste Butter ab, dann abschalten und von Hand weiterrühren, bis größere Batzen entstehen. Jetzt Buttermilch abgießen und Butter von Hand unter Wasser kneten, bis Wasser klar abläuft. Jetzt Butter in eine Form drücken, solange bis kein Wasser mehr abfließt (Form vorher heiß und kalt ausspülen.

Ist leider nicht lange haltbar, kann aber gut eingefroeren werden. Tip: etwas Salz einkneten oder Butter in kaltem Wasser lagern.

Noch ein Tip: Wenn es nicht so recht werden will, ist der Rahm vielleicht zu kalt bzw. zu warm, dann eben entsprechend warmes oder kaltes Wasser dazugeben.

Buttermilch ist übrigens gut verdaulich und wirkt leicht abführend. Und frisch schmeckt sie am besten. Eignet sich auch gut zum Backen, oder zum Buttermilch-Quark machen. Dazu 3 Liter Sauermilch mit 1 Liter Buttermilch verrühren, erhitzen und ausgekühlt durch ein Tuch pressen.

Butterschmalz

Unsere Oma hat Butterschmalz immer noch selbst gemacht (auf dem alten Holzofen in der Küche). Dazu hat sie alle Butterreste, die vorhanden waren in einen großen Topf geschichtet und auf 40 grad erhitzt. Man mußte immer dabeibleiben und mußte ständig rühren (sicherer ist ein Schmelzen im Wasserbad) Nach kurzer Zeit begann die Butter zu schäumen. Den Schaum mußte man nun solange abschöpfen, bis keiner mehr aufstieg und die Butter ganz klar war. Dann ließ man die Butter etwa 1 Stunde abkühlen und konnte sie dann in Schüsseln abfüllen die in der Speis gelagert wurden!
Aus dem Zieger der sich am Boden absetzte, machte sie dann am nächsten Tag "Ziegernudeln".

Vanilleeis

2 ganz frische Eier
60 g Zucker
0,4 l geschlagene Sahne
1 Teel. gemahlene Vanille

Die Eier mit dem Zucker im Wasserbad (Simmertopf) bis zur Bindung aufschlagen. Im kalten Wasser kaltrühren und die geschlagene Sahne unterheben. Masse in eine ausgediente Mövenpickeisschachtel füllen und 6 Std. gefrieren lassen. Das Eis 10 Min. vor dem Essen aus der Gefriertruhe nehmen und in ein dickes Handtuch gewickelt ruhen lassen. So entfaltet die Vanille ihr volles Aroma und das Eis wird schön cremig. Dann auf ein Brett stürzen und Scheiben abschneiden.

Daniela Mair

Himbeereis – (auch für die schlanke Linie!)

(2. Methode)

1/4 l durchgestrichene Himbeeren (eventuell auch Himbeermark mit 1/4 l Mineralwasser)

Saft einer 1/2 Zitrone
125 g Zucker
2 Tassen Sahne

Zubereitung

Himbeeren, Zitrone, Zucker vermischen. Gefrieren und kurz vor dem Fertigwerden 2 Tassen geschlagene und gezuckerte Sahne unterziehen.

Himbeeren lassen sich auch durch andere Früchte ersetzen:
Ananas, Aprikosen, Bananen, Kirschen, Erdbeeren, Mango, Pfirsiche ect.

Wenn man 2/3 des Zuckers durch Süßstoff und die Sahne durch etwas mit Quark verschlagene Milch ersetzt, erhält man ein

KALORIENARMES
SCHLANKHEITSEIS

Schmuck Centa

Erdbeereis!

Zutaten: 750-1000g Erdbeeren
100g Puderzucker, Vanillin
Saft v. 1 Zitrone, 1 Likörglas Kirschwasser, 1/2 l Sahne

Erdbeeren pürieren, Puderzucker Vanillin, Zitronensaft und Kirschwasser zugeben, 1/2 l Sahne steifschlagen und unterheben in Formen füllen und ins Gefrierfach stellen

Anstelle von Erdbeeren kann man Himbeeren nehmen anstelle von Kirschwasser wird Himbeergeist genommen + die anderen Zutaten wie oben das gibt dann ein Super-Himbeereis!

Erika Riedmiller

Mandel-Krokant-Eis mit karamelisierten Orangen (für 6 Personen)

Für das Mandel-Krokant-Eis:

100 g gehäutete, grob gehackte Mandeln
1 Eßl. Butter
5½ Eßl. Vollrohrzucker
2 große Eier
250 g Sahne

Für die Orangenscheiben

2 kleine u. 2 große unbehandelte Orangen
4 Teel. Zitronensaft
2 Prisen Zimt
2 Prisen gemahlene Nelken
2 Eßl. Vollrohrzucker
evt. etwas Schlagsahne zum Garnieren

Arbeitszeit: (für das Eis)
30 Minuten
Kühlzeit:
4 Stunden
Für die Fertigstellung
25 Minuten

1. Mandeln bei schwacher Hitze unter Umwenden goldgelb rösten. Knapp die Hälfte davon reiben u. beiseite stellen.
2. Die Butter in einer Pfanne zerlassen. 3½ Eßl. Vollrohrzucker u. die grob gehackten Mandeln hineinstreuen. Bei schwacher Hitze unter Rühren rösten bis der Zucker karamelisiert ist. Die Mandeln auf einem Teller abkühlen lassen.
3. Die Eier trennen. Eiweiß steif schlagen. 2 Eßl. Vollrohrzucker u. die Eigelbe nacheinander unterrühren u. 1-2 Minuten weiterschlagen, bis eine feste, cremige Masse entstanden ist
4. Die Sahne steifschlagen. Die gemahlenen Mandeln u. das Mandelkrokant (bis auf 1 Eßl.) zur Sahne geben. Die Eiermasse darüber füllen u. locker unterheben. Die Masse im Gefriergerät etwa 4 Stunden durchfrieren lassen
5. Das Eis 15 Minuten vor dem Servieren aus dem Gefriergerät nehmen. Die Orangen heiß abwaschen, abtrocknen u. die Schale fein reiben.

Die beiden kleinen Orangen auspressen. Den Saft mit 4 Teel. Orangenschale, dem Zitronensaft, dem Zimt u. dem Nelkenpulver verrühren.

6. Die beiden großen Orangen schälen, dabei auch die weiße Haut sorgfältig entfernen. Jede Frucht in 6 Scheiben schneiden.

7. Den Vollrohrzucker in einer großen Pfanne bei mittlerer Hitze schmelzen u. hellbraun werden lassen, dabei nicht umrühren. Den Orangensaft dazugießen u. aufkochen. Die Orangenscheiben hineinlegen u. heiß werden lassen. Die Kochplatte ausschalten. Die Scheiben wenden u. etwa 2 Min. ziehen lassen. Auf jeden Teller 2 Orangenscheiben legen. Den Saft darübergeben.

8. Mit dem Eisportionierer vom Krokanteis Kugeln abstechen u. auf den Orangenscheiben anrichten. Den zurückgehaltenen Mandelkrokant darüberstreuen. Evtl. mit Sahne verziehren

Martin Ulmisch

Joghurt - Eis

Zutaten: 6 Eigelb
3 EL Puderzucker
4 Eiweiß
2 EL Zucker
250 g Sahne
500 g Joghurt

Zubereitung: Die Eigelbe mit dem Puderzucker im Wasserbad schaumig schlagen. Die Eiweiße mit dem Zucker zu steifem Schnee schlagen, ebenso den Obers (Sahne). Die Eigelbmasse im Eiswasser kaltrühren und mit dem Joghurt vermischen. Dann den Eischnee leicht unterziehen. Die Sahne unterheben und in eine Eismaschine geben oder im Gefrierschrank fest werden lassen. Statt des Joghurts kann auch Buttermilch oder Sauerrahm verwendet werden.

Gabriele Ahrens

Sorbets - Eisgetränke

Sorbets sind Eisgtränke. Beliebiges Frucht-Eis $\frac{3}{4}$ hoch in Gläser füllen, je nach Geschmack mit Likör, Wein oder Sekt auffüllen.

Erbeersorbet: Erbeereis mit Rotwein auffüllen. Man kann einen Schuss Curacao dazu geben.

Kirschsorbet: Zitroneneis oder Kirscheis mit Kirschlikör auffüllen.

Pfirsichsorbets: Pfirsicheis mit eisgekühlten Sekt u. Grand Marnier auffüllen.

Ananassorbet: Ananaseis m. Sherry und Maraschino auffüllen.

Orangensorbet: Zitronen u. Orangeneis mit Sekt oder eisgekühlten Weißwein auffüllen.

Katharina Müller

Joghurtdrink

Menge	Zutaten	Zubereitung
1/2 Bc.	Joghurt	Alle Zutaten glatt rühren
1/2 TL	Vanillezucker	
1 TL	Zucker	
1 EL	Zitronensaft	
2 EL	Himbeeren o. Brombeeren	waschen, zerdrücken; zum Joghurt rühren
nach Bel.	Milch	dazugeben
nach Be.	Schlagrahm	steif schlagen, garnieren

Sandra Göser

Eis - Milch

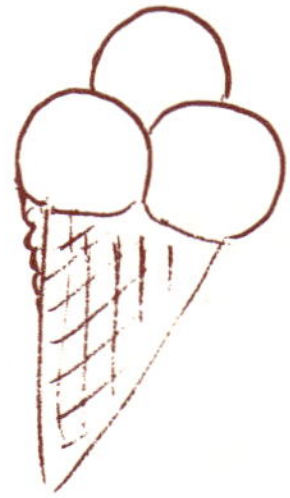

350 ml Vanilleeis
(oder Schokoeis)
1 Liter Vollmilch
Schlagsahne

Vanilleeis und Milch in ein Gefäß geben und mit dem Mixstab schaumig rühren.
Etwas Schlagsahne oben drauf geben.
(Schmeckt sehr erfrischend an heißen Sommertagen)

P. H.

Kinder Trinkjoghurt

4 kl. Bananen
3 Eßl. Kokosflocken
5 Eßl. Ananaswürfeln
Saft einer Zitrone
1 Eßl Randensaft (Rote Beete)

Alle Zutaten zusammen vermixen.
600g Naturjoghurt dazugeben un in großen Bechern servieren.

Rosa Eid

Zu einer Brotzeit braucht's ein gutes Brot -
und auch was Gutes drauf ...

Brotaufstriche

- Käsewalnuss-Aufstrich

100 g. Walnusskerne mahlen und mit ½ Pfund Quark verrühren, dann je ½ Pfund Emmentaler und Tilsiter (je nach Geschmack auch andere Käsesorten) reiben und mit etwas Pfeffer und Salz abgeschmeckt unterrühren.

- Tomaten-Ei-Aufstrich

Eine Knoblauchzehe, zwei Esslöffel Tomatenmark, drei Esslöffel Olivenöl, Salz und Pfeffer verrühren. Dann je 100 g. Oliven, Kapern und Zwiebeln hacken, dazugeben. 2 Eier kochen, schälen, halbieren und Eigelb auslösen. Eiweiß hacken, Eigelb mit Gabel zerdrücken. Alles gut zusammenmischen.

- Grünkernschrot-Aufstrich

Grünkernschrot quellen lassen und ½ Stunde kochen. Zwiebel und Knoblauchwürfel in Pfanne dünsten. Gewürze (z.B. Petersilie, Salbei oder Basilikum bzw. Majoran) zerkleinern. Alles verrühren, mit Pfeffer und Salz abschmecken.

Würzige Butter

- Kräuterbutter

Gemischte Kräuter z.B.
Schnittlauch, Thymian, Petersilie,
Basilikum, Estragon, Kresse oder
Kerbel
waschen und hacken.
Butter (etwa 250 g. auf ca. 100 g.
Kräuter) auf Zimmertemperatur erwärmen
lassen, etwas Zitronensaft, Salz,
Pfeffer und evtl. eine kleine Knob-
lauchzehe (zerdrückt) zuzugeben und
alles vermischen. Gekühlt servieren.

- Haselnussbutter

250 g. weiche Butter mit 2-3 Esslöffeln
Honig, etwas Zimt und einigen zerhackten
Zitronenmelisse- oder Pfefferminzblättern
vermischen, 100 g. gemahlene Haselnüsse
einrühren. Ebenfalls gekühlt servieren.

Kartoffelkäse

(Brotaufstrich)

3 - 4 Tage im Kühlschrank haltbar

Zutaten: 200 g Pellkartoffeln
50 g weiche Butter
1 TL mittelsch. Senf
1 hartgek. Ei
1 Gewürzgurke
1 TL Sardellenpaste
1 - 2 EL Sauerrahm

Gewürze: Pfeffer, Paprika, Kräutersalz

Zubereitung: Kartoffeln noch warm durch die Kartoffelpresse drücken. Die weiche Butter mit Senf zu den abgekühlten Kartoffeln geben. Ei und Essiggurke kleinhacken und untermengen. Mit Sardellenpaste und Gewürzen, evtl. Sauerrahm abschmecken.

Früher wurde um halb fünf g'vespert, da gab's meist

Brot, geräucherter Speck, Wurst, Käs' Butter und Gsälz (Marmelade) auf dem Tisch; im Sommer dazu Rettich, im Winter Sauerkraut und, wenn Besuch kam, auch mal Rauchfleisch oder einen

Würzigen Brotaufstrich

Zutaten:
- 65 g Butter
- 80 g geräucherter Schinken
- 80 g gekochter Schinken
- 160 g geriebener Käse (Emmentaler oder Bergkäse)
- 1 Joghurt natur
- Petersilie, Pfeffer, Paprika, Knoblauch, Zwiebel.

Zubereitung:

Die Butter zerlassen. Den Schinken in kleine Würfel schneiden und mit den restlichen Zutaten vermischen. Den Brotaufstrich auf Seelen oder Weißbrot auftragen und bei 200°C etwa eine Viertelstunde überbacken.

Guten Appetit!

Angelika Zeh

Leberwurst

Sy.

Zutaten:

500 gr. Schweinebauch - in starke gesalzenem Wasser 1-1½ Std. kochen, gegen Ende der letzten 10 Minuten

500 gr Schweineleber - mitgaren. Fleisch und Leber auskühlen lassen. Leber durch den Fleischwolf geben sowie die Hälfte des Schweinebauch's mit Schwarte.

1 große Zwiebel nun andünsten und auch durch den Wolf geben. Alles gut mischen. Nun die zweite Hälfte des Bauches, ganz fein schneiden u.

auch zur Masse geben.
1/8 l Brühe zugeben und mit

30 g Salz	alles in die Schüssel geben
wll Leberwogew.	gut durchwürzen
1 Teel. Suppenbrühe	10 Minuten
weißer Pfeffer	durchziehen las-
Majoran	sen und noch-
Ingwer	mals kräftig
Thymian	abschmecken.

Kochdauer bei 3/4 gefüllten Gläser nicht höher, 150 Minuten bei 100°C.

Viel Spaß bei der Zubereitung und gutes Gelingen!

Eine Speise ohne Gewürz, ist wie eine Blume ohne Duft.
(Alter Spruch)

Grobes Bratwurstbrät

Zutaten:

500 g. mageres Schweinefleisch (Schulter oder Schlegel)
300 g. mageres Rindfleisch
200 g. Schulterspeck ohne Schwarte (oder fetter Bauch o. Sch.)

Fleisch durch einen groben Wolf drehen 10-13 mm Scheibe

20 g Salz
1 Eßl Milch
1/2 Eßl weißer Pfeffer
1 Teel. geriebene Zitronensch.
1/2 Teel. Muskatnuß
1/3 Teel. Majoran

Gewürze mischen und in die Hackfleischmasse geben. Gut kneten.

Schweinedünndärme 2 Std. vorher in warmem/gut heißem Wasser legen und nun grobe Wurstmasse,

einfüllen und abbinden.
Brät kann jederzeit eingekocht werden. Rohe Bratwurste bald aufbrauchen.

Kochdauer: 400g. Dose
100°C
120 Minuten

Fleisch einkochen

1 kg Sch:-braten kraftig mit Salz- und Pfeffermischung würzen am Besten wälzen. Danach in Stürzgläser  abfullen und mit Suppen- oder Kesselbrühe aufgießen, Glaser schließen und bei 100°C 120° Minuten einkochen. Viel Spaß Is.

Geräuchertes Fleisch

Zutaten: 10 Kg Fleisch, 1 Kg Salz
" 1 Prise Salpeter

Zubereitung: Fleisch vom Bug, Wamme, Kotelett oder Schlegel in Portionsstücke bis 1,5 Kg vorbereiten und pökeln

Heißpökeln: Salz und Salpeter in einer Pfanne erhitzen und mit einem Holzkochlöffel damit das trockene rohe Fleisch ganz einreiben Salz muß immer richtig heiß sein, daß es zischt. Danach das Fleisch in Kühlschrank stellen.

Am 2. und 4. Tag das Pökeln wiederholen, dann Kann das Fleisch in der Räucher Kammer oder im Kamin geräuchert werden.

Rauchfleisch

Zutaten: 20–25 Kg Fleisch, 1,5 Kg Salz
15 l Wasser 150 g Kandiszucker, 5 Zehen Knoblauch
150 g Wacholderbeeren
15 g Salpeter, pro Kg Fleisch
1 Zwiebel in Scheiben.

Zubereitung: Fleisch – Ripple oder Wamme, Kotelett und Schlegel in 1,5 Kg Stücke mit Salz, Knoblauch und zerdrückten Wacholderbeeren einreiben.

Pökeln: (Naßpökeln) Wasser, Salz,

Kandiszucker Kochen, abkühlen lassen, Salpeter zugeben und Kalt an das Fleisch geben, welches in ein Steingutgefäß, schichtweise mit den Zwiebelringen eingelegt wird. Mit einem Tuch bedecken, noch besser beschweren und abdecken.

14 Tage pökeln, immer Kontrollieren Fleisch muß bedeckt sein, dann neue Pökellake Kochen, wieder gut Kalt stellen. Nach 14 Tagen gut abwaschen, trocknen und in die Räucher Kammer hängen.

Schweine-Mett

(Hackepeter)

Zutaten:
pro Person 125 g,
grobes Schweinehackfleisch
etw. Salz
schwarzer Pfeffer grobzerkleinert
feingewiegte Zwiebel

Alle Zutaten gut mischen
fertig.

Bei selber durchgedrehtem Hack-
fleisch kann die Zwiebel gleich
mit durchgelassen werden.

Auf Butterbrot schmeckt es wie
ein kleines Wunder

Wichtig: Hackfleischmasse gleich
aufbrauchen.

J. S.

Kräuterwurst

rassig

Zutaten:

400 g mageres Rindfleisch
400 g mageres Schweinefleisch
200 g Speck oder Sch-Bauch (ohne Schwarte)

alles durch den Wolf drehen 8 mm Scheibe

20 g Salz
2 gestr. Teel weißer Pfeffer
1 Teel. Thymian
1 Teel. Majoran
1 Messerspitze Piment
1 Messerspitze Zimt

Gewürze mit Hackfleisch gut durchmischen und in vorbereitete Schweinedünndärme füllen und auf gewünschte Länge abdrehen.

Kräutermasse kann eingekocht werden.

Kochdauer: 400 g Dose
120 Minuten bei 100 °C.

Brot

1000 g Weizen Mehl
600 g Roggen Mehl Vollkorn
500 g Weizen Mehl Vollkorn
1000 g Topfen   oder das Korn
1 P Hefe   mahlen
1 l Milch
4 Tel Salz
100 g Haferflocken
100 g Sonnen Blumen Kerne
Brot Gewürz

Aus den Zutaten einen mittel starken Brot Teig kneten in 3 Laibe oder Wecken formen

Kasten Formen mit Back Folie oder Papier aus legen, Teig rein geben dann eine halbe Stunde gehen lassen, in kalt Herd einschieben bei Umluft backen 160 - 170° 1 - 1¼ St

Dora Reichart

Vollkornbrot a la Luise

je 50 g Hirse, Sonnenblumenkerne, Leinsamen
Sesam dunkel ungeschält, Sojaschrot

700 g Roggenmehl
300 g Weizenmehl Type 1050

Salz, Brotgewürz, Zucker
etwas Kakao (ergibt dunkle Farbe im Brot)

1 Würfel Hefe und Natursauerteig
oder 2 Würfel Hefe

600-700 ml Wasser

Alle Zutaten zu einem Brotteig verarbeiten und in eine große gebutterte Kastenform geben und 1/4 Std. bei 250°C, danach 1 Std bei 200°C backen und 10 Min. nachruhen lassen! Beim Backen 1 Tasse Wasser auf den Rost stellen. Nach dem Herausnehmen mit kaltem Wasser bespritzen oder bestreichen.

Gutes Gelingen

Sauerteigbrot

Zutaten:

1½ kg Roggenmehl
1½ kg Weizenmehl
ca. 3/4 l lauw. Wasser
ca. 1½ handvoll Salz
½ El. Fenchel od. Kümmel
25g Sauerteig + 10g Hefe

Zubereitung: – Mehl 4-6 Tage in der Küche vorwärmen.
Sauerteig 2 Tage zuvor in kaltem Wasser einweichen.

- Im Mehlgrube am Vorabend einen Vorteig aus Sauerteig, Hefe, ca. 3/4 l Wasser herstellen.
- Am nächsten Morgen das Mehl u. die reste. Zutaten zu einem nicht zu leichten Teig kneten, warm stellen und gehen lassen.

Zum 2. gehen lassen Tuch in einer Schüssel leicht mit Mehl bestäuben und den Laib formen.

Davor noch den Sauerteig für das nächste Brot wegnehmen.

Backen:

Herd auf 230 - 250°C vorheizen (muß unbedingt Temperatur erreicht haben, damit das Brot hochzieht und nicht verläuft.
Brot einschieben u. 20 - 30 Min. backen, dann auf 180°- 200°C zurückschalten.

Insgesamt 2 1/4 Std. backen, dann heiß aus dem Ofen nehmen u. nochmal mit Wasser überstr. u. ohne Rost abkühlen lassen.

Regina Stuhler
Haitzen 18
87724 Ottobeuren

Bergbauernbrot

250 g Sauerteig

1/4 l lauwarmes Wasser

1 kg Roggenmehl

20 g Hefe

1 Teel. Zucker

1/4 l lauwarmes Wasser

2 Eßl Salz

1 1/2 Eßl gemahlenen Kümmel

Milch zum Bestreichen, Kümmel zum Bestreuen.

Zubereitung:

Den Sauerteig mit Wasser und 4 Eßl. Roggenmehl glatt verrühren und zugedeckt über Nacht stehen lassen. Die Hefe mit dem restlichen Mehl verbröseln, mit Wasser und Zucker verrühren, zugedeckt 20 Min. gehen lassen. Den Teig mit dem Sauerteig und den Gewürzen zu einem glatten Teig verrühren und ca. 15 Min lang kneten. Zugedeckt ca. 2 Std. gehen lassen, nochmals 10 Min kneten, zu einem Brot formen, auf ein befettetes Blech legen, mehrmals einschneiden und zugedeckt wieder 2 Std. gehen lassen, mit lauwarmer Milch bestreichen und mit Kümmel bestreuen.

Bei 220° Grad ca. 1 1/2 Std. backen. Müller Andrea

Dinkelbrot

2 kg Dinkelmehl (feingemahlen), 2 Würfel Frischhefe od. 2 P. Trockenhefe, 4 Teel. Meersalz, 1500 g Wasser (Molke, Buttermilch), 4 Teel. Kümmel, 2 Teel. Koriander, 1 Tasse Leinsamen, Sesam

Hefe mit Wasser in der Schüssel auflösen (Teig ist weich), alle Zutaten untermengen und 1/2 Stunde stehen lassen.

3 Kastenformen mit Butter bestreichen und Sesam ausstreuen. Teig in die Form füllen, mit Wasser formen u. einritzen.

Backzeit: 1 Stunde bei 250 Grad

Josefine Schneider

Haselnußbrot

300 g Haselnüsse
750 g Dinkelmehl
250 g Roggenmehl
1 W. Hefe
Salz
2 B. saure Sahne (à 150 g)
30 g Butter
ca. 1/2 l Wasser

200 g Nüsse in der Butter vorsichtig braten.
Die restlichen Nüsse mahlen.

Aus den restlichen Zutaten einen Brotteig zubereiten, gemahlene und ganze Nüsse unterkneten.

Teig gehen lassen.

Aus dem gegangenen Teig
2 Laibe formen, mit
Roggenmehl bestäuben und
nochmals 15 Minuten gehen
lassen.
Das Brot rautenförmig einschneiden.

Im vorgeheizten Backofen
bei 200 °C auf der mittleren
Schiene ca. 45 Min. backen.

Das Brot schmeckt auch mit
einer Mischung aus Sonnen-
blumen- und Kürbiskernen
sehr gut.

Auch Vollkornmehl kann sehr
gut verwendet werden, dann
evtl. etwas mehr Flüssigkeit
zugeben.

A. Wagner

Kastenbrot

½ Hefe
300 ml lauwarmes Wasser
200 ml Joghurt, weiß
1 ½ TL Salz
90 gr Haferflocken
550 gr Mehl

Hefeteig herstellen und gehen lassen, nochmals durchkneten Kastenform fetten und Brotteig einfüllen;
bei 220° 20 min. backen
dann auf 200° zurückschalten und nochmals 10 min. backen.

Marianne Krumbacher

Emmentaler Brot

550 g Weizenmehl Type 405
2 Teel. Salz
1/4 Teel. schwarzer Pfeffer, frisch gemahlen
250 g Emmentaler, frisch gerieben
1 Würfel Hefe
2 Teel. Zucker
1/4 l lauwarmes Wasser
250 g Magerquark
2 Eier
50 g eiskalte Butter in kleine Flöckchen
(ergibt im Brot die Löcher - wie beim Käse)

Alle Zutaten zu einem Brotteig verarbeiten und in eine gebutterte Kasten- bzw. Springform geben und bei 200°C etwa 1 Std. goldbraun backen! Gelingt leicht.

Das Brot schmeckt vorzüglich zu Steaks, Salate oder auch zum Wein.

Guten Appetit!

Luise Rommel

Reisbrot

60 g Milchreis (Rundkorn)
1/8 l Milch
1 Pr. Salz

Reisbrei kochen

250 g Mehl
10 g Hefe
1/8 l Milch
1 TL Salz

mit dem Reisbrei einen Hefeteig kneten u. dann gehen lassen

nach dem gehen lassen nochmal kneten u. dann einen Runden Laib formen, auf ein Backblech setzen kreuzförmig einschneiden u. mit Wasser bestreichen nochmal gehen lassen
Backen 200 °C 30–40 min.

Leinsamen-Knäcke

100 gr. Weizenvollmehl, 50 gr Haferflocken, 30 gr Leinsamen, 1 TL Salz, 1 TL gemahl. Kümmel, 2 EßL Öl, knapp 1/4 l Wasser.

Alle trockenen Zutaten vermengen, das Öl beifügen und gut vermischen dann das Wasser. Den Teig 1/2 Stunde quellen lassen und anschließend möglichst dünn und gleichmäßig auf ein gut befettetes Blech streichen. Das geht gut mit einem nassen Löffelrücken.
Vor dem Backen in Vierecke teilen und bei guter Hitze 15 Minuten knusprig aber nicht dunkel backen. Fertige Blättchen vom Blech nehmen.

Schmeckt frisch am Besten!

Ranzenhof-bäurin

Pikante-Schinken-Käse-Baguette

200g Salami
200g Käse
200g Schinken
1Ds Pilze
3-4 Essiggurken
1 gek. Ei
1Ds kl Mais
1 kl Zwiebel

Alle Zutaten klein schneiden und mit 300g Majonaise vermengen, mit Salz und Pfeffer würzen.
Die Masse auf ca 15 Baguette-hälften verteilen.
Bei 180°C 10 min Backen
ca 4 Personen

Guten Appetit!

M.W

Käse-Gebäck

Mürbteig herstellen:

250g Mehl
200g Butter
1 Ei
200g Emmentaler gerieben.

Teig 30 Minuten im Kühlschrank ruhen lassen.
Ausrollen, 3mm dick.
Dann kleine Plätzchen ausstechen (Durchmesser etwa 4cm) und mit Eigelb bestreichen.

Das Käsegebäck mit Mohn, Kümmel oder Kristallsalz bestreuen.

Im Elektroherd bei 200°
10 Minuten backen.

Senzi JÖRG

Speckfladen (10 St.)

Brotteig,

1 B. Saure Sahne, 250 g. gewürfelten Speck, 1 1/2 Zwiebeln gedünstet, 1/2 Stange Lauch geschnitten, 1-2 Eßl. Schnittlauch, 4 Eßl. Schmuddern, 1 Eigelb

Brotteig auf Fladengröße auswellen, 1 Eßl Mischung daraufgeben, mit Käse bestreuen und 20 Min. bei 220° backen.

Man kann die Mischung auch auf Schwarzbrotscheiben streichen und backen.

Gutes Gelingen

wünscht

Böck Waltraud

Eppishausen

Salzspitz.

1kg Mehl Type 405
1Stollen Hefe
etwas Salz
20g Butter lauwarme Milch.

Teig herstellen glatt kneten
gut gehen lassen.
Teig in ca Semmel große Teile schneiden
Salzspitz daraus formen.
2-3l Wasser mit Salz zum kochen
bringen Spitz hineinlegen kochen
bis sie aufsteigen. heraus nehmen
auf ein Backblech legen der länge
nach einschneiden mit etwas
grobem Salz geb. auch Kümmel bestreuen
bei 200° ca 30Min backen.
Ergibt ca 15Stück

Renate Huber

Laugensemmel (12-16 Stück)

500 g Weizenmehl (Typ 405 oder 1050)
1/2 Würfel Hefe
200 ml lauwarmes Wasser

Grobes Salz zum Bestreuen

Das Mehl in eine Schüssel geben, die Hefe in dem lauwarmen Wasser auflösen und zugeben. Mit dem Knethaken zu einem glatten Teig verarbeiten, evtl. noch etwas Wasser zugeben. Teig auf der bemehlten Arbeitsfläche mit der Hand, oder in der Küchenmaschine mindestens 10 Min. kneten, bis er nicht mehr klebt und Blasen wirft. In der bemehlten Schüssel zugedeckt an einem warmen Ort gehen lassen, bis sich die Teigmenge verdoppelt hat. Den gegangenen Teig nochmals kneten und zu kleinen Semmeln formen. Diese kreuzweise einritzen und auf dem bemehlten Backbrett nochmals 10 Min. gehen lassen. Ofen auf 230 - 250°C. aufheizen.
2 l Wasser + 100 g Haushaltsnatron in gr. Topf geben, aufkochen, die aufgegangenen Semmeln in die kochende Lauge geben, wenden und vorsichtig mit dem Schaumlöffel herausnehmen.

und auf das vorbereitete
Backblech legen. Mit grobem
Salz bestreuen und im Ofen
20-25 Min. backen.

Sabine Feierle

Laugenbrezen

1 1/2 kg Mehl
2 Päckchen Hefe
1 Teel. Zucker
3 " Salz
150 g Fett
3/4 l Wasser

} Hefeteig machen

Teig nicht gehen lassen - sofort in Natriumlauge tauchen (vorher Brezen formen.)

Natriumlauge: 2 Teelöffel Natrium
1/2 l Wasser heiß machen
nicht kochen - geformte Brezen mit Schaumlöffel hineintauchen
dann auf Blech u. mit Salz bestreuen u. sofort mit 250° Grad backen
Kann man auch gut eingefrieren

Hannelore Gebele

Seelen

1 kg Mehl, 2 TL Salz, 40 g Hefe
knapp 3/4 l Wasser, Kümmel und
grobes Salz, 1 Eigelb

Zubereitung:

Die Hefe in etwas lauwarmem Wasser auflösen, mit Mehl, Salz u. Wasser zu einem glatten Teig verarbeiten. Hände in Mehl tauchen und aus dem Teig Seelen formen. Auf ein gefettetes Blech legen u. zugedeckt 1/2 Std. gehen lassen.

Seelen mit Eigelb verquirltem Wasser bestreichen, grobes Salz und Kümmel darüber streuen und im vorgeheizten Backofen bei 200°-220° 20-30 Min., auf der 3. Schiebe von unten backen. Man kann die Seelen gut einfrieren.

M.E.

Partybrötchen

250 g Weizenvollkornmehl
250 g Weizenmehl
25 g Hefe
1 Tl Zucker
1/4 l Wasser
1 El Salz
50 g Margarine
Zum bestreuen:
Mohn, Sesamkerne, Sonnenblumenkerne, Kümmel

Hefeteig herstellen, gehen lassen, aus dem Teig einen Rolle formen und in zehn bis zwölf gleichmäßig große

Stücke schneiden, zu Kugeln formen dicht nebeneinander auf einen gefetteten Springformboden setzen, nochmals gehen lassen, mit Wasser bepinseln, nach Belieben mit Sesam, Sonnenblumenkernen, Mohn oder Kümmel bestreuen, im vorgeheizten Ofen bei 200° etwa 25 Minuten backen

Marianne Krumbacher

Knusperbrötchen

500g Weizenmehl
Type 1050
oder Weizenvollkornmehl

300ml lauw. Wasser

40g Hefe od 1 Päck. Trockenhefe

1/2 Tl. Salz

50g Honig

50g Butter

75g Rosinen

jeweils 75g gehackte Walnußkerne und Mandeln

Bei 200°C auf der untersten Schiene 30-35 Min knusprig backen

In einer großen Schüssel Mehl, Salz und Hefe gut vermischen. Den Honig mit dem lauwarmen Wasser gut auflösen; zusammen mit Butter, Nüssen und Mandeln in die Schüssel geben, mit dem Knethaken alles zu einem glatten Teig verarbeiten. Auf der bemehlten Arbeitsfläche den Teig gut durchkneten bis er nicht mehr klebt und schön geschmeidig ist. An einem warmen Ort zugedeckt 50 Min. gehen lassen, bis er sich verdoppelt hat; danach die gewaschenen Rosinen zum Teig geben nochmals durchkneten, dann zu einer 10 cm dicken Rolle formen 1 cm dicke Scheiben schneiden, flach drücken und zigarrenförmig aufrollen, mit der Schlußkante nach unten 15 Min gehen lassen, mit Milch bepinseln.

Inge Gramer

von Friederike Rietzler

Dinkelsemmel
(die nicht trocken werden)

am Abend vorher: 500 g Dinkel in 500 g Wasser einrühren, ca 1/3 Hefewürfel dazugeben und über Nacht stehen lassen. (zugedeckt)

am nächsten Tag: 2 Eßl. Salz, 1 Ei, etwas Hefe, etwas zerlassene Butter, eine gute Schöpfkelle Quark und etwas Mehl auf den Vorteig geben und mischen. Nun soviel Mehl dazugeben bis ein fester Teig entsteht, gehen lassen, Semmeln formen und bei 220 °C 20-25 min backen.

Diese Semmel schmecken auch noch nach 3-4 Tagen!

Frühstücksbrötchen

Zutaten: (ca. 16 Stück)

1½ Tassen Weizenkleie
1¼ Tassen Vollkornmehl
¼ Tasse Weizenkeime
1 gestr. EL Backpulver
1 Ei
1¼ Tassen Magermilch
½ Tasse Honig
⅓ Tasse Sonnenblumenöl
¼ Tasse gehackte Sonnenblumenkerne
¼ Tasse Korinthen

Zubereitung:

Kleie, Mehl, Weizenkeime und Backpulver in einer Schüssel mischen. Ei und Milch dazugeben, stark schlagen, dann 3 Minuten ziehen lassen. Die restlichen Zutaten beifügen und nocheinmal gut verrühren. Den Teig in kleine Gebäck-Kuchenformen füllen oder 16 Brötchen auf ein Kuchenblech formen.

25 Minuten bei mittlerer Hitze backen.

Die Brötchen helfen der Verdauung sowie beim Abnehmen und enthalten hochwertige Nährstoffe.

Belegt mit Käse und Tomaten- oder Gurkenscheiben sind die Brötchen ein gesundes Pausenbrot für Kinder.

Gabi Biehlawck

Vollkornsemmel

Zutaten:

520 g Weizen
1 Teel. Vollmeersalz
40 g = 1 Würfel Hefe
350 g. lauwarmes Wasser

Zubereitung:

Weizen fein mahlen, Salz dazugeben.
Hefe mit dem Wasser auflösen, zum Mehl geben.
Den Teig 10 Min. gut kneten!
Teigruhe 20 Min.
Brötchen formen, die Menge ergibt etwa 15 Stück = 1 Blech

Inzwischen den Ofen auf 250°
einschalten. Ein flaches Gefäß aus
Metall mit Wasser unten hinein=
stellen. Das Blech fetten, Brötchen
mit Wasser o. Eigelb bestreichen, evtl.
mit Mohn oder Sesam bestreuen.
Bei erreichter Backtemperatur ein=
schieben und 20 Minuten b. 250° backen!
Am besten gleich nach dem
Abkühlen essen.

Gutes Gelingen wünscht

Anta Schwarzmann

Dinkel - Vollkornbrötchen

25 dag Dinkelvollkornmehl
25 dag Weizenvollkornmehl
1 Pkt. Trockenhefe, 1 TL Salz, gem. Kümmel,
0,4 l. lauwarmes Wasser, 2 EL Pflanzenöl

Frisch gem. Dinkel- und Weizenvollkornmehl, Trockenhefe, Kümmel, im lauwarmen Wasser aufgelöstes Salz und Öl gut verkneten, sodaß ein geschmeidiger Teig entsteht, ca. 15 min. zugedeckt gehen lassen, danach nochmals gut durchkneten und Brötchen formen.
Diese mit Wasser bepinseln und beliebig mit Mohn, Sesam usw. bestreuen.
Ca. 25 min. bei 180° backen.

-> wenn man frische Hefe verwendet ein Dampfl machen und gehen lassen.

-> Ich verwende immer die doppelte Menge und friere ein Teil der Brötchen ein.

Anita S.

Früchtebrot

Zutaten: 125g Honig, 4 Eier, 2 El Rum, 175g Weizenvollkornmehl, 1 geh. Tl Backpulver, 2Tl Zimt, 175g Haselnüsse, 175g Feigen, 125g Datteln, 125g Zitronat, 325g Sultaninen ungeschwefelt

zum Verzieren: einige halbierte, abgezogene Mandeln

Honig, Eier und Rum schaumig rühren. Das Mehl mit Backpulver und Zimt mischen und unter die Schaummasse rühren.

Die halbierten Haselnüsse, Feigen und Datteln, grob geschnitten, Zitronat fein geschnitten, und die Sultaninen unter den Teig heben.

In eine mit Papier ausgelegte, gefettete Kastenform (30cm) geben. Mit den Mandeln verzieren.

Bei 160 Grad, unterste Schiene ca. 1 Stunde backen.

Einige Tage durchziehen lassen, in dünne Scheiben schneiden.

Martina Hämmerle, Kempten

Birnenbrot

von 750g Mehl, 1 Prise Salz, 2 Löffel Zucker, 1/2 Würfel Hefe etwas lauwarme Milch einen Hefeteig bereiten

700g geviertelte, getrocknete Birnen, 200g Sultaninen 200g Haselnüsse, 100g Zitronat, 100g Orangenat, 1/2 Kranz Feigen, alles kleingeschnitten, 1 Apfel feingeschnitten 1 Teel Anis, 1 Teel Kümmel, 1 Teel Zimt, 1 Messersp. Nelken, gem. 2 P. Vanillezucker, 1 Essl. Rum

Birnen mit etwas Wasser aufkochen und zusammen mit den anderen Zutaten in den Hefeteig kneten Den Teig zu einer Kugel formen und zugedekt gehenlassen, etwa eine Stunde

Für den Einschlagteig: Aus 150g Mehl etwas Hefe, 1 Prise Salz und 1 Teel. Zimt einen Teig kneten und dann auswellen, über das Birnenbrot schlagen und mehrmals mit einer Gabel einstechen. 1 Stunde bei ca 190° backen

2. Art 3/4 Pfund gekochte, verwiegte Birnen 1 Pfd Mehl 1/4 Pfd Zucker, Zimt, Nelken Mandeln oder Nüsse Zitronat, Orangenat, 1 Backpulver 1/4 L lauwarme Milch, 1 Ei, etwas Salz.

Zucker und Ei schaumig rühren, die übrigen Zutaten beigeben, einen Wecken formen, mit Birnenwasser bestreichen, und bei Mittelhitze backen.

A. Riegel

Apfelbrot von Tante Rosa

750g Äpfel, 1 kg Mehl
1 P Backpulver, 1 P Vanillzucker
1 P Lebkuchengewürz, 1 Teel Zimt
250 g ganze Haselnüsse,
250 g Rosinen, 250g Zucker

Die Äpfel schnitzeln mit dem Zucker verrühren und über Nacht stehen lassen, am nächsten Tag alle Zutaten unter die Äpfel kneten, in eine Kastenform füllen und bei 200 Grad 1 Stunde backen dann fertig

sehr lecker

Edeltraud Waibel

Äpfelbrot

3 Pfd.	Äpfel
400 g	Zucker
400 g	Sultaninen
300 g	ganze Haselnüsse
2 Eßl.	Kakao
8 Eßl.	Rum
1 Messersp.	Nelken
2 Kaffeel.	Zimt
1 Eßl.	Fencel
1 Eßl.	Anis
1 Prise	Salz
2 Pfd.	Mehl
3 Päckch.	Backpulver

Schmeckt zur Adventszeit am Besten!

Äpfel grob raspeln und mit 400 g Zucker mischen. Das Ganze über Nacht stehen lassen. Dann alles zusammenkneten. Mit nassen Händen formen, glatt streichen und auf ein bemehltes Blech geben. Bei 200° ca. 50 - 60 Minuten auf der untersten Schiene backen.

E. M.

Bibelkuchen

Um Dich einmal auf originelle Weise mit der Bibel zu beschäftigen, kannst Du versuchen, diesen Bibelkuchen zu backen. Wo etwas nicht ganz eindeutig ist, mußt Du nach bestem Wissen beim Backen selbst entscheiden.

Man nehme:

1,5 Tassen	Deutoronomium 32,14a
6 Stück	Jeremia 17,11
2 Tassen	Richter 14,18a
4,5 Tassen	1 Könige 5,2
2 Tassen	1 Samuel 30,12a
0,75 Tassen	1 Korinther 3,2
2 Tassen	Nahum 3,12
1 Tasse	Numeri 17,23b
1 Prise	Levitikus 2,13
3-4 Teelöffel	Jeremia 6,20
3 Teelöffel	Backpulver

Man befolge den Spruch Salomons:

Sprichwörter 23,14a

Tip: Ein Ein Pfund-Glas-Honig (das Volumen von 2 Tassen) braucht ein Päckchen Backpulver. Der Teig ist ziemlich flüssig. Backzeit 1,5 Stunden, Ofeneinstellung: + 200° C. Probe: Holzstäbchen einstecken. Bleibt kein Teig mehr am Stäbchen kleben, ist der Bibelkuchen durchgebacken.

Fürs Essen gilt Lukas 14,12-14.